本書獲二〇二三年貴州省出版傳媒事業發展專項資金資助
本書獲貴州省孔學堂發展基金會資助

《儒門空虛聚語》據日本早稻田大學圖書館藏藍室刻本影印
《洗心洞劄記》據日本國立公文館藏精義堂刻本影印

【陽明文庫】古籍整理系列

儒門空虛聚語 洗心洞劄記

【〔日〕大鹽中齋 著】

孔學堂書局

本書獲二〇二三年貴州省出版傳媒事業發展專項資金資助
本書獲貴州省孔學堂發展基金會資助
《儒門空虛聚語》據日本早稻田大學圖書館藏藍室刻本影印
《洗心洞劄記》據日本國立公文館藏精義堂刻本影印

圖書在版編目（CIP）數據

儒門空虛聚語　洗心洞劄記 / (日) 大鹽中齋著. —
貴陽：孔學堂書局, 2024.4
（陽明文庫. 古籍整理系列）
ISBN 978-7-80770-480-5

Ⅰ. ①儒…　Ⅱ. ①大…　Ⅲ. ①王守仁（1472–1528）
—哲學思想—研究　Ⅳ. ①B248.25

中國國家版本館CIP數據核字(2024)第023834號

陽明文庫（古籍整理系列）
儒門空虛聚語　洗心洞劄記　[日]大鹽中齋　著
RUMEN KONGXU JUYU　XIXINDONG ZHAJI

策　　劃：蘇　樺
責任編輯：張發賢　孟　紅
書籍設計：曹瓊德
責任印制：張　瑩

出版發行：孔學堂書局
地　　址：貴陽市烏當區大坡路27號
印　　刷：雅昌文化（集團）有限公司
開　　本：889mm × 1194mm 1/16
印　　張：12.5
版　　次：2024年4月第1版
印　　次：2024年4月第1次
書　　號：ISBN 978-7-80770-480-5
定　　價：68.00元

大鹽中齋《儒門空虛聚語》《洗心洞劄記》序

一、大鹽中齋其人

大鹽中齋（一七九三至一八三七），日本江户時代大阪人，初名正高，後改名後素，字子起，號中齋，通稱平八郎，是近世後期開陳『良知、太虚』之哲學的著名陽明學者和貧民起義領袖。

大鹽中齋出身於大阪下級武士家庭，童年境遇悲慘，七歲喪父，八歲喪母，輾轉由祖父養大。其秉性穎異，十四歲就承繼祖父之職，任大阪東町奉行所與力[一]見習。中齋志嚮高邁，聲言『人七尺之軀，而與天地齊乃如此』（《洗心洞劄記》），故以『獨臣孽子』之心志上下求索，青年時代『三改其志』[二]。第一次是十五歲時拜讀家譜，知曉祖上乃戰國大名今川義元（一五一九至一五六〇）麾下武將，後在小田原战役中立下軍功而被賞賜弓箭與采邑，中齋遂立志赢取功名，光耀門楣。爲此曾赴江户修習文武之道，師從柴田勘兵衛學習槍炮術。第二次是於二十歲時，因其擔任與力，工作常接觸犯人並目睹官場腐敗，感受到『要治人之罪，需先治己病』，而其路徑唯有讀書窮理。於是弃赢取功名之志，轉而寄志於儒學經術，以提高素質，根除弊病。然而其時寬政『異學之禁』[三]餘威尚存，學術界熱衷於訓詁，嚴重脱離實際，中齋發現這不但不能醫治自己的『心病』，反而加深痼弊，於是又陷入迷茫。第三次是二十四歲時，通讀明朝儒家吕新吾（吕坤）的《呻吟語》後深受啓發，領悟到『外求之志當爲功乎心性』，知其説意涵源自姚江。於是開始傾注心血在陽明心學上，重續良知之學，並於翌年在家中開設藉《易經·繫辭》中『聖人以此洗心』之語命名的私塾『洗心洞』，向與力、同心、醫師以及周邊來私塾學習者，講授太虚、致良知、氣質變化、死生一如、去虚僞等學説。正是這第三次『改志』，使中齋在而立之年前，就從一個追求功名顯達的下級武士、小吏，成長爲一名『以誠意爲的，以致良知爲工』的革命性陽明學者。

[一] 與力，江户幕府的基層職務，負責執行行政、司法、員警等基層治理。

[二] 即《與佐藤一齋書》中所説的『志有三變』。

[三] 幕府一七九〇年開始實施的禁止教授朱子學以外之學的政策。

中齋在開辦洗心洞私塾後，仍繼續在奉行所工作。因其在工作中一向剛直廉潔，恪盡職守，故於日本文政四年（一八二一）[一]，獲大阪東町奉行高井實德賞識而升任『吟味役』（訴訟裁判官）。之後十年邊辦洗心洞學塾，邊擔任公職，先後任『吟味役』『盜賊役』『唐物役』等職，立有搜捕天主教邪宗、查處弓削新右衛門案和破戒僧案三大功績。日本天保元年（一八三〇），中齋對幕府袒護本應被依法治重罪的貪腐高官感到心灰意冷，於是斷然辭職，而將與力之職交與養子格之助，開始專心於洗心洞講學和著書立說。

日本天保三年（一八三二），中齋在不惑之年著成《古本大學刮目》，赴近江國小川村參詣藤樹書院遺址，以示向日本陽明學始祖藤樹先生執弟子之禮；日本天保四年（一八三三），代表作《洗心洞劄記》刊刻完成，赴伊勢將其獻於宮崎、林崎兩文庫，並赴藤樹書院等處講授『良知、太虛』之學；同年十二月，完成《洗心洞劄記》的姊妹篇《儒門空虛聚語》；四十三歲刊行《增補〈孝經〉彙注》，標志着中齋學術生涯進入黃金期。

然而正當此時，『天保大饑饉』[二]（一八三三至一八三六）爆發，農村荒蕪，米價高漲，餓死者達到二三十萬人，就連號稱『天下厨房』的大阪也出現了餓死者。中齋目睹此景，三次上書大阪奉行當局，請求發動富商，救濟灾民，但都被蠻横拒絕。中齋無奈祇能賣掉全部藏書救濟灾民，並基於王陽明『天地萬物一體之仁』的『同悲』哲學與『知行合一』的行動理念，作舉兵《檄文》，領導、發動了史稱『大鹽平八郎之亂』的大阪貧民起義。然而起義因叛徒告密，僅一日便被鎮壓，四十天後，中齋憤然自焚身亡，終年四十五歲。雖然壯志未酬，但却爲後世留下了寶貴的思想和精神遺産。

二、大鹽中齋其書其學

大鹽中齋生活在江户晚期的化政文化時代[三]，正值以『領主土地所有制』『四民等級身份制』和『朱子學思想統治』爲基石的幕藩體

[一] 一説文政三年（一八二〇）。

[二] 日本天保年間爆發的全國性大灾荒。

[三] 『化政文化時代』是指以文化、文政時期（一八〇四至一八三〇）爲中心的前後三四十年。其時幕政綱紀鬆弛，享樂風潮彌漫，町人文化興盛，『人情本』『滑稽本』等反權威、反正統、追求精神解放的浮世小説風靡於世，興起了以追求『行動文化價值』和『自我精神解放』爲特徵的文化思潮。

制進入衰落期，『上方文化』[一]東漸江户，武士町人化日甚，幕府統治江河日下。在觀念形態領域，因受以追求『行動文化價值』和『自我精神解放』爲特徵的化政文化思潮衝擊，『異學之禁』後被壓抑的陽明學又重新受到重視，連任官學昌平黌教授的儒學界泰斗佐藤一齋（一七七二至一八五九），也由專崇朱子學而轉向『朱王調和』，撰著了《傳習録欄外書》。正是在這種時代語境下，大鹽中齋重續良知之學，言道：『我邦藤樹蕃山二子，及三輪氏之後，關以西，良知學既絶矣，故無一人講之者焉。僕竊復出三輪氏所翻刻古本《大學》及《傳習録》坊本於蕪廢中，更稍知用功乎心性，且以喻諸人。』[二]顯示了其繼承中江藤樹、熊澤蕃山以及三輪執齋之遺志，深研細悟陽明學以教己喻人之精神。

中齋三十八歲辭職後纔得以專心研究學問，至四十五歲爲救民獻身，能集中精力研究和著述的時間祇有七年。儘管如此，仍然留下了日本儒學史上頗有影響的四部巨著。其中，《古本大學刮目》是中齋從陽明學的視角對古本《大學》進行注釋的著作，旨在對朱熹根據自家言説需要修訂並廣爲流傳的《（新本）大學》進行『正本清源』；其中的《增補〈孝經〉彙注》，則是中齋歸納先賢注釋《孝經》之精華的著作，意在繼承藤樹、蕃山、執齋之傳統，主張儒學之根本即在『孝親』。

在中齋所有著作中，《洗心洞劄記》是集中體現其陽明學思想核心的代表作。該著用漢文所撰，全書分上下兩卷，上卷一百八十條，下卷一百三十九條，計七萬餘言。書名雖爲『劄記』，蓋因『效河東《讀書録》，寧陵《呻吟語》，及寒松堂《庸言》等』（《洗心洞劄記·自述》）而作，但全書結構，體系整然，實質内容亦是『要一家言也』。其一家所言之核心内容，誠如其《自述》中所言：『一曰太虚，二曰致良知，三曰變化氣質，四曰一死生，五曰去虚僞。』[三]是爲學界首次開陳『良知、太虚』之學説，故而被稱爲自藤樹、蕃山、執齋之後象徵日本陽明學再興之名著，被後世收入了《日本思想大系 四六》。

與之相較，《儒門空虚聚語》則是爲《洗心洞劄記》所論核心思想中的『空虚』提供論據和證言的著作[四]，即中齋實證和闡發其思想

[一] 指以京阪商人爲主體展開的以重人性、合理性爲精神特質的町人文化。
[二] 《寄一齋佐藤氏書》，《日本思想大系 四六：佐藤一齋 大鹽中齋》，（日本）岩波書店一九八〇年版，第六三四頁。
[三] 《洗心洞劄記·自述》，《日本思想大系 四六：佐藤一齋 大鹽中齋》，第五六三頁。
[四] 吉田公平：《大鹽平八郎の〈儒門空虚聚語〉の世界》，《白山中國學》通卷二一號。

之核心概念『太虛』的支柱性著作。上卷列舉《論語》《中庸》《易經》中涉及『空』『虛』之言説十一則，張載和王陽明等儒者注疏九十七條，以先賢所記，證明了『空』和『虛』兩個概念在佛教傳入前就存在於儒教之中，陽明心學未必是受禪宗影響而成的事實；下卷就孔子及宋明儒者有關『太虛』『虛』『空』之論説一百一十一條進行注疏和闡發要義，並延伸至對『仁』『孝』概念的闡釋，認爲太虛不僅是宇宙一切活動之根本原因，也是人的心靈精神和社會倫理道德規範的本體性存在。全書體例雖爲注疏，實際却是要爲自説的真理性張目，被後世收入了《日本倫理彙編》（井上哲次郎、蟹江義丸編，東京育成會，一九〇一）。

統觀大鹽中齋之學説思想，主要可歸納爲如下幾點：

其一，主張以太虛爲核心的哲學本體論，視天地萬物、時空、人之軀體與良知皆爲太虛構成，强調太虛實則爲心，不僅是宇宙一切活動之本因，亦是人的心靈精神和社會倫理道德規範的本體性存在。

其二，主張以致良知爲中心的認識論，尊『陽明先生致良知爲聖學之真脉』，聲言『吾太虛之説，自致良知來』[一]，强調重視内省之知，剔除私蔽，求得心歸太虛則爲致良知。

其三，主張以孝本論爲核心的倫理觀，把道德教化與治國理政的最高標準歸結爲孝悌，强調『孝兼萬善』『良知即孝』[二]，唯有孝纔是『孔孟之血脉，堯舜之嫡情』。

其四，主張心之本體、太虛、空間三位一體的主觀唯心主義，宣導『天人合一』思想，認爲人之身體與天地實爲一體，天、地、人（三才）乃一體協同之存在，人務必深刻反省自身，回歸作爲宇宙生成本源、宇宙生命起源之『太虛』這一本然狀態。

其五，主張『太虛良知一體』觀，認爲『其公而無私處即太虛，其靈而不昧處即良知』，强調之所以有『不公不靈者』，皆因被執念、情識之欲所蔽。[三]

其六，認爲『仁自虛生，故仁即虛，虛即仁，固非有二』，『舉太虛，則仁在其中』，强調『文、行、忠、信』及『《詩》《書》執

[一] 李凡榮譯著：《大鹽中齋〈洗心洞劄記〉譯注與研究》，劉金才主編：《日本陽明學家經典著作譯注與研究叢書》，孔學堂書局二〇二三年版，第二四三頁。
[二] 李凡榮譯著：《大鹽中齋〈洗心洞劄記〉譯注與研究》，劉金才主編：《日本陽明學家經典著作譯注與研究叢書》，第八頁。
[三] 李凡榮譯著：《大鹽中齋〈洗心洞劄記〉譯注與研究》，劉金才主編：《日本陽明學家經典著作譯注與研究叢書》，第二二七頁。

禮』，皆是『歸乎太虛之途徑階梯』。[一]

其七，宣導理氣合一説，認爲心外無理，心外無事，明德之大不在心外；理是先天的，氣在其中，氣是後天的，理在其中，理與氣是『一而二、二而一』之關係。

其八，强調致良知實踐中『變化氣質』之作用。即認爲良知是太虛之靈，要想心歸太虛就應當致良知，而當此實踐出現障礙时，應知其並非内在『良知』出了問題，而是『良知之障於氣質』，因此必須『變化氣質』，纔能讓良知『照徹於外』。[二]

上述中齋的學説思想，雖然其多與『虛空』概念相聯繫而闡發，但基本都統攝於『致良知』，即從『心』出發，强調陽明學致良知的實踐性，最後回歸太虛。同時，中齋把宇宙本體與道德本體、認識論與倫理觀統一起來，彰顯了日本陽明學重視『良知實踐』和『知行合一』的『實心實學』之特徵。

三、大鹽中齋的歷史貢獻與影響

在大鹽後素去世一百八十餘年後的現在日本，若提『大鹽後素』，普通人知者寥寥；但若提『大鹽中齋』，則廣爲人知；若提『大鹽平八郎』，則更是家喻户曉、婦孺皆知。『中齋』是大鹽撰成《古本大學刮目》後所改用之名號，象徵着其陽明學者之形象，而『平八郎』則是其領導、發動大阪貧民起義時通稱之名號，象徵着其『起義英雄』之形象。大鹽留給後世的這兩個形象，在相當程度上反映了其對後世思想及歷史的貢獻與影響。

中齋作爲陽明學者，在日本陽明學式微已久之際，繼承藤樹、蕃山、執齋之遺志，重續良知之學，不僅開設私塾『洗心洞』，向民衆講授、傳播『致良知』思想，而且著述《洗心洞劄記》等四部力作，將宇宙本體論性質的太虛説與實踐論、修養論性質的致良知説相結合，構建起了『良知、太虛』哲學之體系。其所言説的『以太虛爲核心的哲學本體論』『以致良知爲中心的認識論』『以孝本論爲核心的倫理觀』『太虛良知一體觀』『理氣合一説』『變化氣質説』『死生一如説』等，被認爲在深刻『闡明良知之奧』方面，皆超越了藤樹、

[一] 李凡榮譯著：《洗心洞劄記·後自述》，《大鹽中齋〈洗心洞劄記〉譯注與研究》，劉金才主編：《日本陽明學家經典著作譯注與研究叢書》，第一六頁。

[二] 《洗心洞劄記》卷上八十五條，《日本思想大系 四六：佐藤一齋 大鹽中齋》，第五七六頁。

蕃山、執齋三子『二三步』。[一]因而在中齋在世之時，就獲譽『小陽明』之稱號[二]。加之中齋領導、發動大阪貧民起義，遵循的是陽明『天地萬物一體之仁』的『同悲』哲學與『知行合一』的行動理念，故其學説常被後世稱爲革命性的陽明學。

中齋陽明學的出現，帶動了日本陽明學第三次高潮的興起，隨之涌現出了一大批陽明學者或尊崇、踐行陽明學之人，如大力張揚陽明『萬物一體』思想，並撰著《王學提綱》的吉村秋陽（一七九七至一八六六）；建構强調『至誠即神、實行爲先』之『報德思想』的農政家二宫尊德（一七八七至一八五六）；宣導貫徹『致良知』的『誠意本位主義』精神的藩政改革家山田方穀（一八〇五至一八七七）等。同時，伴隨着平八郎『起義』事迹的傳播，其思想也廣泛影響維新志士。如著名尊王論者吉田松陰（一八三〇至一八五九）就曾宣導傳讀《洗心洞劄記》；被稱爲『維新三杰』[三]之首的西鄉隆盛（一八二八至一八七七），曾私藏被幕府定爲禁書的《洗心洞劄記》，並傾心拜讀，其後的倒幕維新派也皆藉大鹽中齋張目。正是由於這些成果，在後來的明治陽明學復興運動中，陽明學被譽爲『明治維新的原動力』。有學者認爲日本陽明學發揚了陽明學『事業元素』而形成了『凛然有生氣，懦夫能立志，頑夫亦有廉風』之特質，成就了『維新諸豪杰的驚天動地之偉業』（高瀨武次郎，《日本之陽明學》，一八九八）；强調『日本陽明學派成活潑之事迹，留赫奕之痕迹』（井上哲次郎，《日本陽明學派之哲學》，一九〇〇）。諸如此類對日本陽明學性質及其功績的定位是否完全準確暫且不論，但日本陽明學的发展很大程度上得力於大鹽中齋，是無可質疑的。由此可見中齋的陽明學對日本思想歷史的重要貢獻。

中齋作爲『起義領袖』，領導、發動了大阪貧民起義。雖然以德川幕府爲正統的話語體系將其稱爲『大鹽平八郎之亂』，視之爲『大逆不道』，但在其後以『倒幕維新』爲正確的日本歷史觀中，『大鹽之亂』則是『倒幕維新運動』的先導。儘管其後亦有『個人英雄主義』抑或『堂吉訶德式』行爲之類的個别評論，但主流歷史學家皆將平八郎視爲歷史英雄。有人視其起義爲『尊攘歷史上維新主體勢力最初的武裝叛亂』（堀江英一）；有人認爲其《檄文》中的尊王復古思想爲幕末勤王倒幕運動提供了思想性刺激（有働賢造），體現了

[一] 李凡榮譯著：《大鹽中齋〈洗心洞劄記〉譯注與研究》，劉金才主編：《日本陽明學家經典著作譯注與研究叢書》，第二二六頁。

[二] 李凡榮譯著：《大鹽中齋〈洗心洞劄記〉譯注與研究》，劉金才主編：《日本陽明學家經典著作譯注與研究叢書》，第二二六頁。儒學家和詩人賴山陽一八三二年寄給中齋的詩，原詩爲『號君當呼小陽明』。

[三] 指在明治維新運動中擔任重要角色的西鄉隆盛、大久保利通、木户孝允三人。

對幕政的批判以及尊王和社會變革的思想（村上義光、中漱壽一）；有人認爲大鹽中齋舉兵『是對幕府權力的最初一擊，具有推動幕藩體制崩潰的里程碑意義』（青木虹二）[一]；甚至有人評價其是『今古民權之開宗』，日本近代『自由民權論者攻擊專制政府的一大精神支柱』[二]。

上述歷史學家對『大鹽起義』的評價，説明了大鹽中齋作爲反封建的革命家、尊王攘夷的先驅之歷史貢獻。但大鹽中齋之所以成爲日本家喻户曉的歷史英雄，還在於其自身具備着一種强烈的『放射性』，其踐行『知行合一』的理念和『言行一致』的作風，對民衆具有一種毋庸置疑的説服力和感染力。[三]其舉兵前散盡家財，將生死置之度外的『雖千萬人吾往矣』之大無畏精神，更顯示出了其人格魅力，即便當時被戰火殃及的市民，也尊稱其爲『大鹽君』，廣頌其德。所以，明治維新以後，大量有關『大鹽平八郎』的史書、傳記、戲劇、講談以及小説等源源不斷地出現，不僅贊頌大鹽中齋的英雄事迹，而且弘揚其『不坐視人民疲敝與社會不公而憤起反抗』之精神。這無疑説明，大鹽中齋起義及其精神，時至今日依然在給人們提供着精神動力。

劉金才[四]

二〇二三年十一月於貴陽孔學堂

［一］李凡榮譯著：《大鹽中齋〈洗心洞劄記〉譯注與研究》，劉金才主編：《日本陽明學家經典著作譯注與研究叢書》，第二四六頁。

［二］李凡榮譯著：《大鹽中齋〈洗心洞劄記〉譯注與研究》，劉金才主編：《日本陽明學家經典著作譯注與研究叢書》，第六頁。

［三］李凡榮譯著：《大鹽中齋〈洗心洞劄記〉譯注與研究》，劉金才主編：《日本陽明學家經典著作譯注與研究叢書》，第二四七頁。

［四］劉金才，北京大學外國語學院教授、博士生導師。

目録

洗心洞劄記

洗心洞劄記附録抄

儒門空虛聚語

藍室藏梓

儒門空虛聚語自序

張南軒先生嘗類聚論語中言
仁處以為言仁錄真西山先生嘗采
摭聖賢格言為心經一篇仁
之理心之德於是詳且盡矣然
心有人心道心之別不可精一

功則安能去其危而其微以執
其中也哉而中者果為何物乎
仁者子貢子路之所未易至焉
而中心安之者天下一人而已矣
此又安能得遽安仁也哉而渠
果為何物乎嗚呼執中之難而如

彼安仁之難而如此是無他以太
虛故也夫太虛無形而靈明包
括萬理萬有而播賦流行人稟
之以為心心之所虛而靈中於是乎
在焉仁於是乎存焉而萬事
出矣故橫渠張子曰虛生仁東

城林子曰中者氣之本體猶之太
虛也然則中也仁也皆太虛而不
可捕捉者也宜哉執其中安仁
之難儒皆不揆中與仁之所由然
而瑣瑣從事於執中安仁之業
此不知其源而激者蓋不尠

矣。故甚悟為而從，則往々窺得
其髣髴。不悟為而從，則後皇擿
如既數人。空過此生。豈非可惜
乎。余故於陋撰劄記中每々僭
述太虛之理。而今收以孔子空々
顏子屢空等之經與。其先儒之
註釋論說緣之者。薈編斯書。而
示諸一友。其友曰。空虛二字。佛
氏之學。而儒者之所忌也。吾子
不嗟是之。叢編斯書。獨何心哉。
繼鍾以之後。豈知中無仁之訴
由此也。受百世之誹。貽萬代之

笑。而其所不免。豈非頑愚之至
矣乎。曰。佛氏不乃中國。只前孔子
既空之。顏子屢空。佛氏乃中國
後。其示言空。指是。亦空與彼共
混為而論。其根則。我空與性空
本一物。只有死活之異耳。譬之
果實。亦空則初常人等之事實
也。其仁雖固空。此洒而不死。埋
之地。而時至則生芽為生幹焉。
生枝葉焉。以生花實焉。生機次
第發出。只如此。性空乃王宗經
讀之學實也。其仁固示空。此

死而不活。雖埋之地而時至不生芽焉。不生幹焉。不生枝葉焉。安得生花實焉。生樸榾柮斬滅如此。是故儒中之理。貫古貫有克己復禮以全乎本然之空而中也仁也。清無慾焉。孝弟忠信盡然哀樂。齋家治國平天下之事。盡自此空中出。以獲遂性育之功者矣。佛氏之徒侶。大抵鑿心劉性。從為槁寂之空。而中也。仁也。清滅矣。故孝弟忠信。盡怒哀樂。齋家治國平天下之事。

不能發出。皆不獲遂性育之功也哉。於是乎可見我空與彼空相去千萬里。而儒者昧乎義㮣。忌言空。遂以之奉佛氏。而其沉為只終止於方冊文字間。不期躋聖賢之域矣。故終身淪溺於襲外飾之霸学。可謂惑矣。雖惑之極。若不若反求之。則其理固明明之心空無論。耳目為空。口鼻為空。運用身體所不為空。造業宗室變不為空。無一不空者。而不之覺日也。世之通有言矣。

目之以佛是豈非亦為頑愚乎。
嗚呼。儒者舊劃空虚以奉
佛氏。而佛氏因稱虚其實於
此。共失焉者也。故空虚之實
學。依然只在於上帝。而不渝焉
日矣。嗚呼。孰學孔子之教
子之屢空。不共上帝而賜之太
虚。而執中安仁。以遂經育之
功哉。天下之廣。四海之大。而未
世之遠。必有儒門有其人矣。余
是以不斯編之輯。孔子當之而
知也。遂名曰儒門空虚聚語。

天保四癸巳冬十二月大塩後素
題于洗心洞

序後附載

後素曰、人心之奧、以太虛為體、而人之勢、則
以孝為本矣、道由此生焉、塞乎天地、横乎四
海、無物不載也、然而余竊恐聰明者之讀斯
書、誤認太虛、而暗乎人道之要也、是故以我
曾所裁藤樹先生致良知三大字真蹟之跋
復附載于自序後、嗚呼、人心之太虛、雖無際
無量、人能以孝為本、則庶不敗乎孔門不出
家而成教於國之心傳者也歟、故冀讀斯書

者、先了釋此跋文、然後從事焉、則其孝終亦
自太虛中出、而為舜之徒矣、然雖知以孝為
務、不心歸乎太虛、則其孝也必有作輟、而或
有不免偽孝之行者、然則其所道之他道、亦
不得不謂之偽也、是以太虛至矣盡矣、

跋藤樹先生致良知三大字真蹟

備藩之石黒君、余未嘗相識、頃介人見需余跋
于其所藏中江藤樹先生致良知三大字之真
蹟、因展觀之、徑信是為其心畫矣、何以徑信是

為其心畫乎、余狂愚而亦竊從事陽明王子致
良知之學、而初閲其學於東方者乃先生也、微
先生余安得與聞斯學、故受其賜亦厚矣、向側
聞先生之墳墓與書院猶存於江州小川村焉、
小川村者、先生之桑梓也、想像之久矣、致仕後、
天保壬辰夏六月、泛湖往小川村、謁其墳墓、上
其書院、而奠于神主、其事略載於陋撰洗心洞
劄記中、今不贅、以故得觀書院所傳之其舊衣
裳及書畫、中有致良知三大字之橫幅、而無款

識、問諸其門人之遠孫志村周二、曰、是誰筆乎、
答以先生之真蹟、因請得其筆勢墨色矣、而今
觀此卷之三大字頗相類焉、故徑信是為其心
畫也、嗚呼、先生之書此三字、非徒筆之、真躬行
心得焉者也、然而世儒惡王子致良知之說、以
併駁先生者間有之、故余請辨之、夫道者載於
四書五經、似太散漫而無要、而有至要者在、至
要者何、喜怒哀樂而已、喜怒哀樂者、亦惟仁義
禮智而已、仁義禮智者、亦惟仁義而已、仁義者、

亦惟孝弟而已、孝弟者、亦惟孝而已矣、而孝非
外鑠者、不學不慮之知能、而孩提之童、無不知
愛其親之良也、其良者非他、天之太虛靈明焉
耳、善致其良知、則情性皆得其正、舜是也、不善
致其良知、則情性皆不得其正、深山野人是也、
故野人過富貴利欲、值憂虞禍害、則棄其父母
而趨避焉、與鹿豕無異矣、雖學士大夫、好色則
慕少艾、有妻子則慕妻子、仕則慕君、不得於君
則熱中、於是其孩提知愛父母之良心將何在、

故孟子曰、大孝終身慕父母、予於大舜見之矣、又曰、天下大悅而將歸己、視天下悅而歸己、猶草芥也、惟舜為然、不得乎親、不可以為人、不順乎親、不可以為子、盡事親之道、而瞽瞍底豫、瞽瞍底豫而天下化、又曰、舜視棄天下、猶棄敝蹝也、竊負而逃、遵海濱而處、終身訢然樂、而又終結放勲重華之要、曰、堯舜之道、孝弟而已矣、陽明王子亦初聞發於有子孝弟章、悟不忘父于其懷之所自來、盡其愛乎父而孝矣、又移之其君

而忠矣、至於討致藩之大勲勞、要從其孝生出來也、故自以為千變萬化皆徼乎一孝矣、其立致良知之學以此也、真是孔孟之血脉、而堯舜之嫡傳也、然而世儒不深察其要、謾忌之、豈非意見勝心之為祟乎、且雖忌之、其日用各不能逃乎良知之發見、是又非行之而不著焉、習矣而不察焉者乎、嗟乎、可謂惑矣、然遺孝以語良知者、決非王子之旨也、隆萬以還、私淑後學之輩、或有背馳者焉、於是其學荒矣、豈圖先生遠

生乎東方之異域、獨得良知之蘊、躬行心得、友勝乎其親傳之弟子遇高者、就年譜見之則彰然、先生嘗仕大洲侯、而身在豫、其母老而在小川村、東西相隔數百里、無昆弟可養之者、然不欲往大洲受先生之養、而要先生之就養、於是先生之哀慕、徹髓刻骨、乃上歸田養親之疏數回、其大夫沮而不允、不得已決然自繳蹝其俸祿、以竊歸故里、在母膝下、得遂其奉養溫凊之誠、是豈非不失孩提之愛、而實心大舜之心而

善學王子之學者矣乎、故富貴憂虞、少艾妻子、何能得奪其良心哉、而其波及於鄉隣之老幼、而老幼各成孝慈之風、以至于今、亦惟此一副真誠之孝而已矣、故先生之學、化天下國家以孝、是其本意也、母沒後、繼有用之者、聘之以千鍾之祿、萬室之邑、必不復起矣、以錢穀獄訟之司、固不復起矣、以禮樂制度之任、若文學掌故之官、亦復然矣、只以孝弟之道任之、而不掣肘焉、則雖一命之士、一縣之令、必復起而仕矣、是

豈可與世之嘗糟粕弄筆墨、而遺孝殉物者論之也哉、石黒君珍秘其三大字、蓋非徒愛其墨痕、亦慕其善致良知也、慕而真致其良知、則居處必荘、事君必忠、涖官必敬、與朋友交必信、不幸而臨戰陣則必勇、及其細也、伐樹以時、殺獸以時、如此則如與先生相見、而善學先生者也、於石黒君蓋必可不難焉也、今應其需、徒亦論其字體筆勢之工拙濃淡而已、則豈學致良知者之所為也哉、是故説到先生之學之所淵源、乃如此、終書之以還此卷於石黒君、癸巳冬十二月浪華大鹽後素、

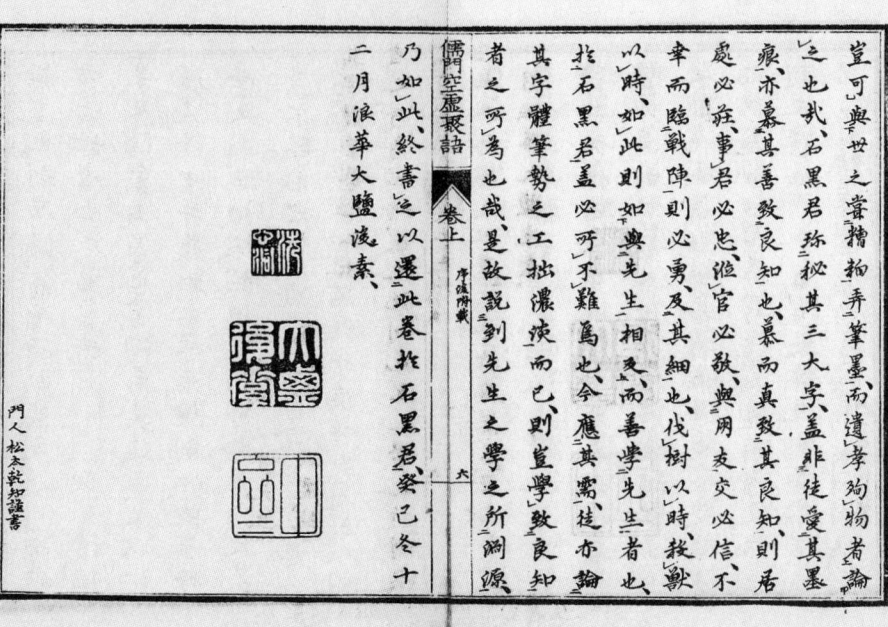

門人松本乾知謹書

追鐫猪飼翁校讐之記

予有所為。而曽遽刻是儒門空虛聚語二冊於家塾。而贈於疑太虛良知者。與昧乎聖學本源者。以解其鄙焉。側聞京儒猪飼敬所翁。倡伊藤氏古學。而折衷諸説。然不好程朱窮理。王子致知之旨矣。此疑焉而非昧者也。嚮予門生訪津藩儒官川村某。翁適寓川村氏。聞其為予門生。乃出揖之。且托予言以致慇懃。時同藩之平松氏亦慫慂予以相見之義。予他日訪翁于洛之居焉。一見識其為人。一話窺其所期。蓋外似朴而内敏。學雖博而復洋。加之以老成練熟。君子人歟。君子人也。翁時謂予曰。某也不敏。雖從事聖賢道。然唯不能制悪人。是乃短矣。予竊疑予為吏時。制悪人居多。故陰愢之耶。否則必當別有意在焉。決非

謙言也。別而歸。翁折簡曰。某某□。而非
有右姓者也。成童嘗學□。厭之讀程
朱及陸象山等之書。洞看其蔽。遂又以仁
齋父子。中井履軒之学為規則。似與予所
學之途逕相反。然相交則可也云云。夫其
真不能出悪人。只乃以不知悪人故也。不知悪人
之原。豈非良知之不致乎。嗚呼。悪人亦人也。
其心既皆善矣。特其氣稟不善。而流乎悪耳。而

流乎悪之人。率倜儻不羈。豪氣勇邁。蔑視
學問。輕賤儒教者也。而汲汲乎文字訓詁。
斃而不休者。亦率非氣質柔善。則偏固朴
質人耳。故予竊恐翁不能制悪人。只亦必
不能化夫蔑視學問。輕賤儒教之豪勇者。
而只徒訓導氣質柔善偏固朴質人而已。
則又猶如□先生父子之門未嘗薰陶
蒸出於有用之良材。是儒門之一大恨。而

豈非可惜乎。至如其學所轉之次第。則庶
乎自約而之博者歟。吾聞自博而之約。未
聞自約而之博也。宿儒老生講經者。古今
大抵如翁之所期皆然矣。是無他。里居教
授。或受藩屏優老之俸養。而未經官途世
路禍福生死之大關故也。若經是關者。則
其操心也危。憂世也深。當漸識人只是治
一心之外無別工夫。寔必有外求文字。折

衷諸說之暇也哉。因以空虛聚語贈翁。試
其所言。翁自按覽其訓點之錯誤以寄予。
予一閱以著其匪勉字句之勞。非壯年者
之所及也。訓點雖固出乎予。然大抵託諸
門生手。而遽贈之人。如前所言。故不能免
鹵莽粗脫之咎也。若陰改正其錯誤。則庶
乎盗人之勤矣。是非予所欲也。故追鐫翁
按讎若干條于其每文上。以表其博學老

熟之不徒稱。而不知翁果不疑太虛良知乎否也。陸象山先生曰。與有意見人說話最難入。陽明先生曰。須與諸老論及此學。真圓鑿方枘。此道坦如道路。世儒往〻自加荒塞。陳幾亭先生曰。覺人是矣。不肯服。自覺其非矣。不肯承。氣實為之。吾之靈為客氣抑矣。是故能下人。則氣屈而心伸。不肯下人。是氣伸而心屈。自滑自失。人何與

焉。翁固非有意見者也。非有加荒塞者也。非有氣伸心屈者也。然而以晏子之賢。而其學問之意見乃為障。遂目孔子以滑稽。則其不信太虛良知人之學問。概陷乎意見之路。翁豈其然乎。頃者因同志之勸。以公斯書于世。故又記所以追鐫其挍讎之義云。

洗心洞主人

門人　湯川幹書

儒門空虛聚語目錄

儒門空虛聚語卷上

源後素輯點　　受業生諸人仝校

空空、孔子自言心也、屢空、孔子獨稱顏子之心同乎太虛也、有意必固我者、有克伐怨慾者、而爲忿懥恐懼好樂憂患所害心者、若欲療其心病、而不以孔顏之心藥之、則至死而不愈矣、故以空空屢空、及心歸乎虛之經語、置于上卷、諸儒之註疏解釋、各叙列焉、病者服之可也、余先自服之、無毒與弊、故敢告、癸已十一月、自記、

子曰、吾有知乎哉、無知也、有鄙夫問於我、空空如也、我叩其兩端而竭焉、論語子罕篇

○横渠張子曰、有不知則有知、無不知則無知、是以鄙夫有問、仲尼叩兩端而空空、易無思無爲受命乃如響、論語精義

○藍田呂先生諱大臨、字與叔、程門高第、曰、空空無知、有感必應、鄙夫有問、無不盡焉、仝上

○瓊山丘先生諱濬、字仲深、明人、曰、聖心空明、萬物皆通、而實一物不著、無物以涵天下之物、物來而應、卒亦歸于無物、故曰無知、古今大全

○陽明王子曰、夫子之知、不識不知、有鄙夫來問、其心只空空而已、未嘗先有知識以應之、但叩他是非兩端自知的、與之一剖決、便已了然、竭盡無餘、鄙夫自知的是非、便是他本來天則、雖聖人聰明、如何可與增減一毫、他只不能自信耳、若夫子與鄙夫言時、尚留得些子知識、便是不能竭他的良知、可見鄙夫之良知、即夫子之良知、非有二也、傳習錄

○龍溪王先生諱畿、字汝中、王門高第、曰、空空原是道體、象山云、與有意見人說話最難入、以其不空也、鄙夫之空、與聖人同、故能叩其兩端而竭、蓋是非本心、人所固有、雖聖人亦增減他一毫不得、若有一毫意見填實、即不能叩而竭矣、心口耳目、皆以空爲體、空空即是虛寂、此學脉也、王門宗旨

○甘泉湛先生諱若水、字元明、陳白沙先生高第、曰、夫婦之可與知、惟其愚、鄙夫之可與言、惟其空、一問則空中之端倪起矣、因問而聖心之端亦起矣、鐘惟空、叩之則

鳴、復帰于無殸、從空有端可叩、一叩復還于空、故曰竭至于竭、而夫婦之與知、總爲聖人所不知矣、曰叩見九心、竭聖心、曰竭見聖心了九心、聖心無能、能以暇而游、聖心無知知以迫而起、古今大全

○見羅李先生諱材、字子孟、明人曰、孔子曰、吾有知乎哉、無知也、此豈謙謙之語、抑豈漫爲之辭、蓋實體也、實功也、信其無知、則必諒其常止、不然這無知何處得來、惟能無知、所以能無不知、蓋有不知而作之者、我無是也、孔子又以之自信也、不然這鄙夫有問、兩端畢竭、何處得來、空空如也、不是說鄙夫、正是說無知之狀、自夫子外、庶幾乎空者一顏子、後儒忌說空、謂恐近禪、孔子不忌之矣、吾何避嫌之有、其寔空者、正是止之景狀、止者即是空之功夫、無知則空、有知不空矣、世之人果以無知者賢乎、有知者賢乎、若以有知爲賢則憧憧往來、朋從爾思者、莫賢矣、必以無知爲賢、則吾有知乎哉、無知也、眞不識不知、緝熙敬止之家法也、吾方病其知之欲空而不得也、又何避嫌之有、書要

循鋼翁按、識隨所照見妍

○澹園焦先生諱竑、字弱侯、明人曰、孔子言知之爲知之、不知爲不知、是知也、又言吾有知乎哉、無知也、有鄙夫問於我、空空如也、其言異矣、要之知即無知、語非冰炭、蓋知體虛玄、迥絕無寄居、言思之地、非言所及處、知解之中、非解所到、故曰、明目而視之、不可得而見也、傾耳而聽之、不可得而聽也、非空空何以狀之、故子思謂之不覩不聞、又謂之無聲無臭、知新日錄

○春宇牛先生諱應元、明人曰、鄙夫一段、總是形容得個空虛順應的景象、雖有荅問、而總歸于無知也、全上

○承蕃姚先生諱舜牧、字虞佐、明人曰、此不是夫子謙辭、聖人之心虛虛朗朗、原無一物在於其中、吾有知乎哉、無知也、鄙夫問於我、我只空空焉耳矣、未嘗先有知以應之、但就其所問者、自有個恰好道理在、我叩其兩端而竭焉、所叩者、叩其所自有者耳、所竭者、竭其所可言者耳、我原一空空如也、全上

○承蕃姚先生曰、人心空然洞然、原無一物、如明鑑懸於空中、隨所照見、妍媸自別、而一任其去來、此

嫌自刎

本體也、本體常空常明、即忿懥恐懼好樂憂患之用、亦何害其正、唯是未來而將迎、已往而留滯、便有方所、落在一邊、便有染著、過中失正、所以不得其正、不得其正者、失却空明之本體也、全上

○毛伯丘先生諱兆麟明人、曰、此章以無知二字為主、大抵聖人說話、都是自謙、而心體可想、吾夫子心體、空空洞洞、一片無碍境界、其寔何嘗有一毫知識藏于胸中、故自謂返照靈源、吾豈有知、實無知也、鄙夫兩字、見只是個易知的理、且非實有鄙夫來問、只是設言、全上

義上闕字宜一字漶滅

○靜觀鄭先生諱維嶽、字申甫、明人、曰、人心中、原無一物、原是虛體、虛中含靈、理義[illegible]之有、如人問一件事、此事在我、雖未曾經考究過、自有道理、可以理會、兩端俱在我、即叩而竭之、豈必平日素知、故人心靈最要打疊得好、不必徒於聞見識知上用工、聖人還鄙夫問了、依舊空空心體、不曾加一毫、全上

○具區馮先生諱夢禎、明人、曰、聖人之無知、便是無思無為、寂然不動也、鄙夫問、而叩兩端以竭、便是感而遂通天下之故也、張子曰、聖人未嘗有知、由問乃有知、朱子曰、聖人之心、至虛至明、萬理畢具、一有感觸、其應甚速、無所不通、最得其旨、古今大全

○漸菴錢先生諱大復、字肇陽、明人、曰、孔子自謂無知、即中庸亦云、雖聖人有所不知、乃先儒謂聖人天聰明之盡、即夫子亦以多聞多見自居、然則聖人果無知乎哉、聖人而果無知、聖人亦一鄙夫耳、何貴聖人、聖人無知、非真無知、不自有其知也、人心虛靈、萬理具備、乃其體寂然、寘然、淵然、廓然、毫無有也、一

發而為情識、則知芽矣、再發而為意見、則知蔓矣、又發而為耳目之所牽引、紛紜膠轕、不可勝應、則知于是乎多旁竇矣、從此千機萬械、知之體益漓、知之真亦漸蔽、試觀諸子百家之言、汗牛充棟、人人自謂有知、乃道日益歧、而知日益龐雜、其有知也、政其所為無知也、然則聖人之無知、從可知已、蓋知從德性來者、知之上、從聞見悟入者、知之次、若竟從聞見立脚、而全無返本歸元之意、是為知之下、諸子百家之知、從聞見立脚者也、顏曾之知

繇博入約、繇精察力行、而至一貫、以聞見返本省
也、聖人之知、直從德性中出、雖未嘗廢聞見、而不
可以聞見名、即聞即性、即見即性、融而化之、渾無
痕迹、欲求其知之端倪、了不可得、非但人不得而
窺、即夫子亦惡得而覺、蓋其知一、一則罔所於混、
其知神、神則罔所于執、其知深、深則罔所于淺、其
知大、大則罔所于著、故曰無知、聖人無知之云、豈
其故爲謙謙哉、空空洞洞、直自覺其無知耳、不憂、
不惑、不懼、夫子曰、無能、聖心直自覺其無能、非謙
也、自志學以至從心、夫子復諄諄自叙聖心、亦自
覺其不已、非誇也、聖人真實之語、類如此、四書合編

○漸菴錢先生曰、空空如、即是無知二字、俱夫子指
自家心體言、蓋最瑩徹者此心、最虛洞者亦此心、
故良知之體、即是無知、無知則不以一毫知識纏
擾其中、無所不照、亦無所不應、故有鄙夫問我、空
空如也、無知之體、只自若耳、我何用役吾之聰明
知慮以開發之、只須就彼之兩端叩而竭耳、其在
鄙夫之知無減于吾、其在我之知亦無加于鄙夫、

猪飼羽按、雖故無知即空、空則無不知

隨物順應、如是止耳、全上

○漸菴錢先生曰、問空字屬在無知乎、屬在有知乎、
曰、無知云者、無知識之謂也、人有知識纏繞其中、
本來光明性體却爲掩蔽、所以良知遂亡、聖人不
以一毫知識蔽其性體、則此中空空洞洞、純是一
片虛明境界、譬之日月、然日月所以不能光照四
表者、以雲翳爲之遮蔽也、若雲翳撤去、太虛中無
所不空、則日月無所不照、故無知即空、空則無不
知、混而爲一不可、析而爲二不可、以空屬無知不
可、屬有知不可、此際境界、須自理會、全上

○漸菴錢先生曰、問聖人有所不知、與知同否、曰此
聖人所不知、不及知者也、或不必知者也、以所不
及知不必知者、而聖人必欲求知、便非無知、便爲
聖人良知之累矣、蓋聖人性體之知、徹天徹地、徹
古徹今、即大學明德、太甲明命、此中一片靈瑩無
不了照、誠如太空中雲翳淨盡、光無不燭、彼其夫
婦之知、不過從雲翳中透出一點光明來、此一點
光明、不可謂非日月全體光明、要之顯現者少、棠

蔽者多矣、若夫婦能致其良、致則何不與聖人同、（仝上）

○惇吾曾先生（諱維倫、明人、）曰、吾有知乎哉、無知也、無知所以有知、此道生於無之說、亦真知之說也、就真知言、則鄙夫與孔子同一空、空同一無知、就有問言、則鄙夫不空而孔子空也、孔子不空如何又叩鄙夫之兩端、有兩端之可叩、可見鄙夫不空矣、乃曰竭者、固見無知生出有知來、亦見有知復致無知去、（來復堂集）

○京山郝先生（諱敬、字仲輿、明人、）曰、此章言道本易知、聖人

所不知、即愚夫所可知、教者與學者、脉脉相證、自然神契、見聞知解、虛靈之障也、聖人無知非謙、是實語、即上章不多不試之意、聖心如空鑒、無見聞知解先主于中、學者以多識窺聖人、挾見聞知解求正、非莫逆之契、曾不如椎然鄙夫不失其赤子之心、易于開發也、空本聖心無知之天、鄙夫亦復無知、空與空遇、是謂空空、如兩燭交映、同體無礙、聲空曰叩、如叩鐘叩户、鐘實無響、室喧無聞、靜自聞聲、虛自生響、其指鄙夫凡空、有徵含、兩兩中藏

措鍋翁投機、便是兩端開、

端、當斯空空之際、我彼各有兩端、鄙夫來問、兩端方開、所謂知其一、不知其二也、聖心一、神化兩、彼叩我空、我以空遇、還復叩彼、所謂啓其憤、發其悱、舉一反三、便是兩端開、如齊王不能解于孟子何擇之難、是靈扃暫開、孟子語以仁術、王心戚戚、則兩端立見、兩者、虛之夘甲也、果實甲皆兩、以含生炁、未叩如秋冬堅合、生幾未達、既叩如雷始發聲、孚破甲拆、混沌遂分、此是非之心、人皆有之、人有知愚、覺無先後、不慮之良、聖凡非殊、但能虛以待

虛、其應自妙、以虛投虛、其語自神、教者非能捐一物補問者、而以虛應、教斯竭矣、問者未嘗受一物于教者、而以虛受、聽斯竭矣、所貴無知空空、以此、蓋聖人雖為凡夫師、而良知一竅、同為道義之門、闔則失兩、啓則見端、抱空而來、天牖不發、乘空往、叩靈鑰自啓、教學所以相與于無相與也、陸子靜云、與有意見人說話、最難入、游夏諸子見解多、而中各有鄙夫之空、聖人皆叩其牝、而不能虛受、反謂聖人多知有隱、据此無知既歸夫子、則此鄙夫

合屬顏淵、其愚不可及也、故其鄙不可及也。九經解

○柴舟廖先生諱燕、字人也、清人、曰、天曰太空、又曰虛空、惟其空、所以天下之物無不為其所包羅、豈尚有一物出於天地之外也哉、惟聖人亦然、聖人者繼天地而立極者也、天地一大聖人、聖人一小天地、與日月同其晦明、與鬼神合其吉凶、信之如四時五行、感之若雷霆風雨、故萬物雖多、皆能一以貫之而無遺、無有一物滯聖人度量之中、亦無有一物出於聖人度量之外、豈有以異於人乎、亦惟與天

地同其空空而已矣、空故大、大則無所不包、功被天下而其知其功德、及萬世而不見其德、極其神化之所至、亦猶天之不可得而名狀者焉、非聖人曷足以當之、雖然易曰、先天而天不違、後天而奉天時、則惟聖人有焉、子思子曰、萬物並育而不相害、道並行而不相悖、小德川流、大德敦化、此天地之所以為大也、則惟孔子有焉、孔子亦自言空空如也、豈非以天地自況之明驗也耶、他日稱顏子亦曰、回也其庶乎屢空、屢空云者、言將至於空空之謂也、若子貢則不然、其學問如商賈之聚百貨以多為貴、究其所得、亦不過億則屢中、而欲求其屢空得乎、甚矣空空之難也、此孔子所以為千古大聖人也、或曰、誠如子言、豈不淪吾儒於釋教乎、予曰不然、釋氏以寂滅為空、吾儒則以包羅萬象為空、風馬牛之不相及、又安得藉口釋教而反掩吾儒之大也哉、二十七松堂集

○柴舟廖先生曰、此章祇是發明無知工字、空空一句緊頂一我字言、此雖夫子自為無知二字作一

註解、然其實意中明以天地太虛自況、使非夫子自言誰敢當此二字、不特此也、論語一書、記者形容夫子盡處便用如也二字傳神、如申申如也、夭夭如也之類、不一而足、皆作端詳鄭重之詞、今夫子自況亦用此二字、則此空空一句、正是夫子當日自寫影照、留與天下萬世人覷看、他人如何假冒得來、時講乃以此句屬鄙夫說、不知夫子自謙無知是已、若鄙夫不過偶然借來做個話頭之人、尚不知其何姓何名、何由知其空空、況彼何人斯

猶釣叙義總　況彼何人斯、

翁問解曰此用詩經語、

猪飼翁按[illegible]空空與空[illegible]相[illegible]空[illegible]其說

曰恐不知愚[illegible]古之空與無命之空相合也、

豈足辱我夫子齒頰、予不敢妄解也已、又云、譬如鏡然、空空乃其本體、（即夫子自言無知義）但有人來照、（即有鄙夫問我矣、）其中不無姸媸之分、（即叩其兩端義）若已照過、則其空空如故也、（叩而竭為義）豈空空亦屬之照鏡之人耶、（則空空一句、專屬夫子說可知）又云、須知章內叩字竭字俱從空空二字生來、譬如鐘然、鐘原是空的、一叩便鳴、一鳴便竭、竭後依舊空空也、又云、前無古曰空、後無今曰空、空空與空空相合、故曰如也、非夫子曷足當之、又云、吾有知乎哉一句、是夫子

自問、無知也一句、是夫子自荅、有鄙夫問於我三句、是夫子自解、通章全是夫子一人文字、何暇旁及其他、彼以空空屬鄙夫說者、真不足一噱已、（仝上）

子曰、回也其庶乎、屢空、賜不受命而貨殖焉、億則屢中、（論語先進篇）

○平叔何先生（諱晏、魏南陽人）註曰、屢猶每也、空猶虛中也、以聖人之善道、教數子之庶幾、猶不至於知道者、各內有此害、其於庶幾每能虛中者唯回、懷道深遠、不虛心不能知道、子貢雖無數子之病、然亦不知道者、雖不窮理而幸中、雖非天命而偶富、亦所以不虛心也、（論語合纂）

○明道程子曰、顏子屢空、空心受道、子貢不受天命而貨殖、億則屢中、役聰明億度而知、此子貢始時事、至於言性與天道、不可得而聞、乃後來事、其言如此、則必不至於不受命而貨殖也、（論語精義）

○伊川程子曰、屢空兼兩意、唯其能虛中、所以能屢空、貨殖便生計挍、才計挍便是不受命、不受命者不能順受正命也、（仝上）

○伊川程子曰、或問顏子如何學孔子、到此深邃處、曰、顏子所以大過人者、只是得一善、拳拳服膺、與能屢空耳、去驕吝、可以為屢空否、曰然、驕吝最是不善之總要、驕只是為有己、吝如不能改過、（仝上）

○藍田呂先生曰、貨殖之學、聚所聞見、而聞見有數、故從億、億度可以屢中、而不能悉中、空空無知則無所不達、自得自生、豈見聞之比乎、不受命者、貨殖之學、聚聞見以度物、以己知求中、而不受命於天、空空無知、則未始有己、所以應物如響、一受於

天而已、吾何與乎、然屢空而未能常空、所以幾聖
而未至(仝上)
○藍田呂先生曰、貨殖之學、不殖則窮、空空無知、則
道所由出、雖屢而未久、亦庶乎前定而不窮矣(仝上)
○龜山楊先生(諱時、字中立、程門高第)曰、大而化之、形色天性
無二致也、無物不空矣、顏淵大而未化、而其復不
遠、則其空也屢而已、故止於殆庶幾也、知存心艱
性以事天、然後能受命、未能受命、則物或累之、故
有至於貨殖焉、然孔門所謂貨殖、豈若世之營營

者耶、特於物未能忘之耳、夫君子不億不信、一於
誠、而億雖屢中、非所善也、言屢中則其不中亦多
矣(仝上)
○龜山楊先生曰、或問、空必謂之屢、何如、曰、其心三
月不違仁、則蓋有時而違也、然而其復不遠、則其
空也屢矣、空也者、不以一物置其胸中也、子貢貨
殖、未能忘物也、孔門所謂貨殖者、豈若世之營營
者耶、特于物未能忘焉耳(仝上)
○龍溪王先生曰、人心無一物、原是空空之體、形生

以後、被種種世情牽引填塞、始不能空、吾人欲復
此空空之體、更無巧法、只在一念知處用力、一切
世情念頭在牽扯放不下、皆謂之妄、皆是不善之
動、顏子不遠復、復者、復其無不善之動而已、先師
云、吾人只求日減、不求日增、減得盡便是聖人(全集)
○龍溪王先生曰、子曰、回也其庶乎屢空、空者道之
體也、愚魯辟喭、皆滯於氣質、故未能空、顏子氣質
消融、渣滓渾化、心中不留一物、故能屢空、石居謂
湛然虛明、三月不違時也、不能無違於三月之後

故屢空、聖人則為全體之空、仁之至也(仝上)
○中離薛先生(諱侃、字尚謙、王門高第)曰、屢空者、常空也、非空
而又不空、不空而又空也、知命之學也、賜之貨殖
億見、便是有物、非空矣、便是不受命也(明儒學案)
○澹園焦先生曰、空空如者、孔子也、庶乎屢空者、顏
子也、屢空則有不空矣、蓋其信解雖深、不無微心
之起也、有微心之起、即覺而歸于空、顏子之不遠
復也、有不善未嘗不知、知之未嘗復行也、不善非
其動於躬也、自其未兆易謀、其脆而破之、自其微

而散之則力少而功倍老子曰未兆易謀其脆易
破其微易散顏氏散之於微故曰庶幾日知新錄
○承華姚先生曰論語一書空字凡二字吾有知乎
哉空空如也此章曰屢空人心同出於太虛空然
無物者只緣一着知慮便自不空夫子無知而空
空不必說了顏子克己復禮三月不違其庶乎屢
空者子貢不受命而貨殖此心便有物累在億則
屢中雖聰明却多一層意見了此賜之所以不及
回處誠去此意見掃此物累而潛養心體未必不

若回也仝上
○岩泉徐先生諱爌明人曰屢空不覩不聞本體也無聲
無臭之妙也屢字處正是近道夫子則全是空了
仝上
○岩泉徐先生曰心體本空如鏡然虛而能明一物
不累是空處纔着一毫物累便不是空子絕四純
空矣屢空從克己來仝上
○兗陵杜先生諱質明人曰孔子空空中無一物即天載
之空顏子屢空猶有空未盡處使空得盡即孔子

儒學人人去聚本義有誤然先別木可秋

猪飼敬所批屢人之人當作人懷然交戰於天人外求之思億屢入而中之亦不如思說此意以中為虛之反矣思億滿心中之意

矣故賢希聖聖希天后儒以顏子惟能安貧近道
失其旨矣此處先輩言之已詳矣惟賜不受命一
節則未之及也命即於穆不已之命貨殖喻言多
聞多見賜不默悟於穆之命而專在多學而識以
億為中猶商賈專廣殖以應四方正與顏子屢空
之學相反后儒謂子貢不安貧富之命而直以貨
殖為務失其旨矣仝上
○南黎李先生曰子貢未忘生殖之念蓋憧然交戰
於天人外求之思億屢人而中之非復空之本然

矣屢中與屢空正相反無物為空有物為中仝上
○靜觀鄭先生曰朱子只嫌他空字與佛家類因貨
殖二字牽就解作空匱晉何晏宋陸象山陳君舉
解作心體后人又因此牽就貨殖作多識俱不是
貨殖二字甚明何必曲說或曰書中大抵多借喻
如升堂入室等亦是借喻何必作實解乎仝上
○屺瞻葛先生諱寅亮明人曰庶乎謂庶幾相近也所近
者何物聖門惟有求道一事不必明言而自可知
屢空正是庶乎處在心體上看觀他無伐善無施

勞、是能空、善勞、若無若虛、犯而不校、是能空、人我、一日克己復禮、天下歸仁、是能空己私、但在聖人絕四、更無起滅、如太空、然顏子三月不違、略有起滅、故云屢空耳、屢空不與貨殖對、乃與屢中對、貨殖者於貨財未免生殖、此本非學者所宜、然他心中若有億度、却時常多中、乃是聰明的人、見道不難、則字語氣甚緊、因上句貶他、而以此亟稱之、蓋夫子平時所注意者、止一顏子、即一貫之參、猶不敢方、乃獨將賜與回每每竝較、是豈欲貶賜、正以

可造、回者唯一賜、故深有意於其人、而為之相形激發耳、湖南講

○漸菴錢先生曰、夫子評回之學、既曰庶乎、又曰屢空、評賜既曰貨殖、又曰屢中、頭緒雖似太多、其實一空不空盡之矣、屢空照下貨殖、豈必在心上說、然簞瓢陋巷、人不堪憂、而回獨泰、不以介意、試于此想、其中私欲淨盡、洞然無物、幾希坐忘之域、則心境之空、可知、所以為近道、蓋道不落塵埃、不涉紛華、有如屢空之回、寧有復遠道者、至賜不受命而貨殖、則其胸中憧憧、純是一團物念、外境不空、內境亦滓、所以雖多億中之智、總是計筭餘術、知識張多、真性彌滑、于道何居、視庶幾之回遠矣、然回第曰庶于道、猶未一也、一則不止于庶矣、所以回亦自謂曰雖欲從之、末由也已、從則一、庶則未一也、夫子他日論回亦曰、三月不違、回亡而夫子又曰、吾見其進、未見其止、止者、至善之止也、然則回之未止于善又可知矣、此回之所以稱庶也夫、四書合編

○京山郝先生曰、此章即二子貧富、借喻二子心體、道以虛為體、顏子克己四勿、不遷不貳、漸與虛合、庶、近也、屢、無也、空、虛也、其庶乎屢者、皆未盡之辭、非絕無、而亦非常有也、回之心、殆猶回之室、幾于無物、可謂君子不多者矣、多莫如賜、未能不識不知順帝之則、以人貪天、所謂不受命也、賜之學亦猶賜之富于財也、貨、財也、殖、生也、喻多識也、有時乎億度則亦屢中焉、如文章本即性天、賜以為可聞、又以為不可聞、似而非也、一貫非學識、賜以為

是、又以為非、非而亦似也、是謂之屢中、億則不空、雖中偶爾、不及若無若虛者自然明覺也、九經解

○京山郝先生曰、屢空即曾子所稱有若無實若虛、犯而不校、莊周云、心齋坐忘之類、夫子亦自謂空空無可無不可、絕四之類、皆空也、空者、太虛之名、唯道集虛、天地聖人所以神、唯其無思無為也、易卦坎為險陷、惟其滿也、離為文明、惟其虛也、滿則露、虛則藏、聖人退藏于密此也、儒者嫌空似佛語、不知夫子語空時、佛氏安在、盜竊主人財、主人不

敢取、所謂割聖道奉二氏者也、若作貧解、貧何足盡道、子路、原思、非不貧、夫子不知其仁、奈何貧足以目顏子乎、其庶乎屢空、作一句讀、命者、於穆之神、詩曰、不識不知、順帝之則、無言默識、乃為受命、易云、不耕穫、未富也、禮云、積而能散、是賜所短、告往知來、聞一知二、何異貨殖、猶後世知囊書簏之譬、聖言蘊藉、解者直遂、所以不達億意度也、屢中、偶合也、不以虛合、而以億測、多一意見、增一障蔽、所以不能清虛脫然、終為貨殖之家而已、舊註据

史貨殖傳謂子貢為賈人、與馬醫、販脂、賣漿輩同、司馬遷之謬、何足据乎、仝上

○紫舟廖先生曰、予嘗言從來三教所宗、皆不出一空字、釋氏云、色即是空、空即是色、老子云、玄之又玄、衆妙之門、玄之又玄者、蓋言空之又空也、孔子亦自言空空如也、豈不彰明較著也哉、微獨三教、即天地亦是空空的、惟其能空所以能為萬物宰、令以屢空稱顏子、蓋深幸之也、惜乎雖庶幾屢空、而尚未至空空、使其年不早夭、則造至空空何難、

傳稱顏子未達一間、殆以是歟、若子貢則不受命而貨殖焉、不但不能空、諸所有、直透天人性命之原、而且欲實諸所無、如商賈之聚百貨、以多為貴、故雖有屢中之能、要皆不出於億度推測之學、依然一多學而識之賜也、依然一聞一知二之賜也、較之屢空之回、豈不大相逕庭耶、蓋夫子評品二人造詣之深淺如此、今朱註云、庶近也、謂近道也、空匱也、屢空數至空匱也、若如所云、庶字下添一近字、又添一道字、言其近道、屢空二字上添一安

追記 通攷洗心洞劄記曰、心有意必固我、則非虛非靈、而見四書五經、

字、言其又能安貧、析一句作二句解說、成何文理、且言屢空、是言貧、貨殖、是言富、則是以貧富論二賢矣、世烏有造詣如顏淵子貢、而可以貧富定其優劣、世亦烏有大聖人如孔子、論列門弟子、而區區與之較貧量富也哉、又云、孔子之空空、如天地之無不包羅、却又無一物可得而形容之者、非如釋教并五倫而空之者可比也、達巷黨人稱孔子、博學而無所成名、正是空空二字絕妙註脚、言如天之空空、民無能名之也、孔子之空空如此、識

得孔子之空空、則顏子之屢空、可無煩贅也已、又云、孔子空空、顏子屢空、子貢屢中、聖賢學門造詣、絲毫假借不得、如此、此皆聖門秘密之事、秘密之言、千百年來、今始試為拈出、庶無負讀吾先師之書也已、二十七 松堂集

子絕四、毋意、毋必、毋固、毋我、論語 子罕篇

○龍溪王先生曰、意是本心自然之用、如氷鑑之應物、變化云為、萬物畢照、未嘗有所動也、惟離心而起意則為妄、千過萬惡、皆從意生、而必固我盡從

則一字不可行焉者也、心無意必固我、則歸乎虛靈乎、虛而見、則一一可行焉者也、是故心貴虛靈也、

意成、毋意、是塞其過惡之原、所謂防未萌之欲也、毋意則本心自清自明、不假思為、虛靈變化之妙用固自若也、空洞無體、廣大無際、天地萬物、有象有形、皆在吾無體無際之中、範圍發育之妙、固自若也、其覺為仁、其裁制為義、其節文為禮、其是非為知、即視聽言動、即事親從兄、即喜怒哀樂之發、隨感而應、未始不妙、固自若也、而實不離于本心自然之用、或以毋意為滅意、非也、滅者、有意而後滅、毋意原未嘗動、何有于滅、或以毋意為惡意、亦

非也、善與惡對、心本無惡、有何善、意有善可為、是謂義襲、非慊于心、誠偽之所由分也、或以毋意為立說過高、非學所能及、亦非也、初學與聖人之學、只有生熟安逸、原無二致、及其知之成功一也、文集

○九我李先生諱廷機、字爾張、明人、曰、意必固我、似只四平說、心體中本無此四者、如太虛中元無一物、聖人之心、無意無必無固無我、便似太虛之中、無雲無霞無烟無霧、似無起止、似無事前事後、事前事後太泥、心中偶有意念初動、豈必意動時便去作事、四書

披雲

○弇州王先生諱世貞、字元美、明人、曰、聖人完全此心體、不知有四者、約言之只一虛而已、然此四者、聖人無之、凡人亦未嘗有也、聖人大覺、故渾于無、凡人迷之、故無為有、聖凡之辨微矣古今大全

○毛伯丘先生曰、只是一個太虛、物來順應、蓋聖人之心、渾然天理、而無一毫人欲之私、只是一片虛明境界、記者不過此四件形容聖人之無心而順應耳、非截然真有四様之不同也、全上

○岩泉徐先生曰、意必固我、四者皆無、原是心體、聖人則完全此心體、曾不知有四者、至虛至公、至靜至定、約言之只一虛而已全上

○屺瞻葛先生曰、夫子心如太虛、無可名象、特借常情所有、以形聖人之所無、絕乃斷絕、所謂前後際斷者也、意是起箇思想、主意要如此、必是斯必有毅然决往之勢、不可挽回、固是膠固、有確然不拔之形、不可動搖、我是認作是我、而不以吾身公之天下、四者、似有輕重語氣、却是平閑這不指惡念

即好念亦著不得、惟絕此、方為廓然太公之體、湖南講

子曰、君子之於天下也、無適也、無莫也、義之與比、論語里仁篇

○慈湖揚先生諱簡、字敬仲、象山陸子高第、曰、子曰、君子之於天下也、無適也、無莫也、義之與比、無適無莫、非學而至者也、君子之心本如此也、豈獨君子之心如此、舉天下人心皆本如此也、本如此而或者蔽之、故有偏倚、有適莫、若曰我欲如此、我不欲如此、吾方寸中、窒矣、礙矣、安能惟義之從、君子之心如太虛、安得有適莫也、人心皆然、識我心、則識君子之心、揚慈湖全集

○雙峯饒先生諱魯、字仲元、宋人、曰、心不可先有所主、當於事至物來、虛心觀理、惟是之從而已、老主虛、佛主空、自謂無所住著、似乎無適莫、然無義為之據依、故至於猖狂自恣、問吾儒異於二氏者何在、曰、吾儒則見虛空中辟塞皆是實理、故未應則無思無為、而此理已具、已應則無適莫、而惟義之從異同條辨

翁村陶刻本一字脫

○虛齋蔡子（諱清字介夫明人）曰無適無莫總言無心無心言無私心也惟義是從者從公理也（仝上）

○晩村呂先生曰義從事物見而其根具於心說在天下在君子都不得事物之義雖具于吾心而不辨擇則不明故古人于義上著箇精字而知所之以見然必先虛其心無所執滞而後能辨擇而至于精此比義之所以必先說無適莫也（仝上）

子曰我則異於是無可無不可（論語微子篇）

○南軒張先生（諱栻字敬夫宋大儒）曰夫子當可則可當不可則不可其曰無者言其不存乎心也（微言）

○岩泉徐先生曰可出而不可處雖如伊尹終身有迹可處而不可出伯夷不免於隘焉夫子所以異於逸民者造化與時物物而不物於物也聖而不可知之之神也心體至潔而淨至虛而融原無一毫染着有可有不可是染着夫子無染着也則其心體如故超然物表焉耳（知新日錄）

○石簣陶先生（諱望齡字周望明人）曰仕止久速合來總看□付之無心若分看便似偏有可一邊了（古今大全）

所謂脩身在正其心者身有所忿懥則不得其正有所恐懼則不得其正有所好樂則不得其正有所憂患則不得其正（大學）

○東廓鄒先生（諱守益字謙之王門高第）曰學聖人之要濂溪先生所以発孔孟之蘊也一也者良知之真純而無雜者也有欲以雜之則二三矣無欲也者非自然而無也無也者對有而言也有所忿懥好樂則實而不能虛親愛賤惡而辟則曲而不能直故定性之教曰君子之學莫若廓然而太公物來而順應太公者以言乎靜虛也順應者以言乎動直也自私用智皆欲之別名也君子之學將以何為也學以去其欲而全其本體而已矣學者由濂溪明道而學則紛紛支離之說若奏黃鍾以破蟋蟀之音也（東廓全集）

○存齋徐先生（諱階字子升明人）曰人心惟至虛故至靈若著一物便窒而不能應只如好善惡惡本所當誠然一留滞於胸中便是有所忿懥好樂將流入於親愛賤惡而辟故須是廓然太公物來順應乃可

謂之正心、孟子謂存心、亦只存此本體而已、（世經堂集）

○九我李先生曰、人心如太虛、元不著一物、纔有所著、便非太虛本體、故唯無所忿懥也、一有所忿懥、則心著於忿懥、不得其正矣、恐惧等皆然、（古今大全）

○霍林湯先生（諱賓尹、字喜賓、明人、）曰、心是空的、如何有所、凡喜怒哀樂、俱從身起、身有所而此心本然之體失其初也、故必物來順應、不著一分意思、外雖紛擾、而此心寂然、如風過樹、如月行空、依然喜怒哀樂未發之中、方纔是正、（仝上）

○京山郝先生曰、心非土木、豈得無情、能太公順應、則有情若無情耳、非枯槁然後謂無、非應感遂謂之有、人有喜怒哀樂、心虛則靈、不虛則不靈、虛者有而非有、無而非無、有所者、以有為有也、不在者、以無為無也、有無無有、虛靈之妙用也、（大學解）

喜怒哀樂之未發謂之中、發而皆中節謂之和、（中庸）

○唐孔氏曰、喜怒哀樂、緣事而生、未發之時、澹然虛靜、心無所慮、而當於理、故謂之中、喜怒哀樂雖復動發、皆中節限、猶如鹽梅相得、性行諧和、故謂之和、（禮記集說）

○晦菴朱子曰、當其未發、此心至虛、如鏡之明、如水之止、則但當敬以存之、而不使其小有偏倚、至於事物之來、此心發見、喜怒哀樂、各有攸當、則又當敬以察、而不使其小有差忒而已、（仝上）

○次厓林先生（諱希元、字思獻、明人、）曰、喜怒哀樂之未發、這時心下無一物、雖有喜怒哀樂之理在、初未有喜怒哀樂之可言、以其四者一無所偏倚、恰在其中間、都不靠著一邊、故強名之曰中、（古今大全）

○毅齋查先生（諱鐸、字子警、龍溪門人、）曰、功夫全在未發之中上用、性原是於穆、吾心之主宰、亦是常靜、無一念之起、性原是不已、吾心之流行、亦是常應、無一息之間、此心空空洞洞、原不著事、然此意綿綿密密、常若有事、如此久久習熟、舊染氣習漸忘、真性漸露、自然獨見本來面目、（學案）

○本清章先生（諱潢、明人、）曰、天命之於穆不已也、人性之淵淵浩浩、不覩不聞也、欲從而形容之、是欲描畫虛空、而虛空何色象乎、雖然虛空不可描畫矣、而

虛空萬物之有無、不可以形容其近似乎、彼由太
虛有天之名、則太虛即天也、雷風雨雪、亦莫非天
也、雷風之未動、雨雪之未零、寂然杳然、一太虛而
已矣、時乎雷之震、風之噓、雨之潤、雪之寒、陰陽各
以其時、不其冲然太和矣乎、自雷風雨雪之藏諸
寂、謂之為太虛也、太虛本含乎太和之氣、謂其本
無此雷風雨雪不可也、何也、及其有也、由太虛而
出、非自太虛之外來也、自雷風雨雪之動以時、謂
之為太和也、太和即寓於太虛之中、謂其始有此

雷風雨雪不可也、何也、方其無也、未嘗不太和、特
不可以太和名也、是太虛之中、本自有太和者在、
而太和之外、未嘗別有太虛者存、太虛太和名有
不同、天則一而已矣、太虛太和亦一而已矣、可見
喜怒哀樂、一人性之雷風雨雪也、喜怒哀樂之未
發謂之中、非人之太虛乎、發皆中節、非人之太和
乎、太虛之中、朕兆莫窺、而無一不包、無一非天、未
發之中、冲漠無朕、而何一非性乎、故未發非無也、
特不可以有言也、雖由己之所獨知也、然默而識

之、無形之可覩、無聲之可聞、亦廓然太虛而已矣、
及一有所感、遇可喜而喜、遇可怒而怒、遇可哀而
哀、遇可樂而樂、發雖在我、而一無所與、記曰、哀樂
相生、正明目而視之、不可得而見也、傾耳而聽之、
不可得而聞也、則是發非有也、特不可以無言也、
盎然太和而已矣、是發與未發、皆自喜怒哀樂言、
雖謂未發即性之未發、發即性之發焉亦可也、若
舍此而別求未發之體、則惑矣、全上

○東城林先生（諱春、字子仁、明人、）曰、喜怒哀樂未發之中者、

我之本體、我之太虛也、我而致其中焉、以復還我
之本體、我之太虛也、我之本體既太虛而中矣、則
和自生、和既生矣、而天地其有不位乎、萬物其有
不育乎、而位而育、皆由此出、一切現成、豈其有所
於倚而為之者乎、四書標摘續卷

○霍林湯先生曰、喜怒哀樂之未發者、太虛同體也、
而發皆中節、則與天地同用矣、四書理解

○啓新錢先生（諱一本、字國端、明人、）曰、凡任情徇情之夫、別無
所謂未發之中、以喜言、如喜在功名、眠裡夢裡俱

功名、如喜在富貴、眠裡夢裡俱富貴、即寂然泯然之中、固不勝其偏於喜、倚於喜、安有所謂喜之未發乎、喜怒哀樂之未發、太虛之天體也、學者殊未易有之於己、學案

詩曰、德輶如毛、毛猶有倫、上天之載、無聲無臭至矣、中庸

○兩峯劉先生諱文敏、字宜充、王門高第曰、上天之載、以無聲無臭為至、君子之學、以不覩不聞為功、知體常虛、則真明常止、千念萬念、總是無念生生化化、自協天則、故先天而弗違、後天而奉天時、學案

○一菴唐先生諱樞、字惟中、明人、曰、人之所以為人、主之以心、而本之於性、故性是心之所以為心、性之本體自然、而無聲無臭者天也、性之生生而不容自己者道也、故自性也、無所有而立天下之有、惟無所有、是為無極之真、視不見、聽不聞、廓然寂然、故曰太虛、惟立天下之有、是謂本然之則、絪縕屈伸、摩盪蕩制、曰運而不滯、故曰氣化、溫縣講章

○青陽翁先生諱正春、字兆震、明人、曰、無聲無臭、渾是太虛之

轟沸間原本一字磨滅

體、太虛之中、本無加損、本無動搖、既曰無聲、則雷轟□沸、而太虛不喧、萬籟俱寂、而太虛不靜、既曰無臭、則沈檀香滿、而太虛無受、處穢惡腥聞、而太虛亦無染處、吾之真性、亦是如此、言思既盡、作用俱空、自然處處潛通、事事無礙、天上動而淵中應、飛處入而躍處出、至矣哉聖德之化也、理解

○蘭嵎朱先生諱之蕃、字元价、明人、曰、篤恭而天下平、聖人功業極其盛矣、而卒歸于無聲無臭、可見萬事萬化咸具于不睹不聞之中、天載流行、而庶類咸亨、聖人盡性、而海內大治、莫非神功也、神功皆出于至虛也、仝上

咸九四、貞吉、悔亡、憧憧往來、朋從爾思、易經下

○伊川程子曰、九四、貞吉、悔亡、憧憧往來、朋從爾思、咸者、人之動也、故皆就人身取象、拇取在下而動之微、腓取先動、股取其隨、九四無所取、直言感之道、不言咸其心、感乃心也、四在中而居上、當心之位、故為感之主、而言感之道、貞正則吉而悔亡、感不以正、則有悔也、又四說體、居陰而應初、故戒於

貞感之道、無所不通、有所私係、則害於感通、乃有悔也、聖人感天下之心、如寒暑雨暘、無不通無不應者、亦貞而已矣、貞者、虛中無我之謂也、憧憧往來、朋從爾思、夫貞一、則所感无不通、若往來憧憧然、用其私心以感物、則思之所及者、有能感而動、所不及者不能感也、是其朋類則從其思也、以有係之私心、既主於一隅一事、豈能廓然无所不通乎、易傳

○龍溪王先生曰、咸者、无心之感、虛中無我之謂、貞則吉而悔亡、無心之感、所謂何思何慮也、著於思慮、則為憧憧、何思何慮、乃學者用功之節度、非指聖學之成功也、全集

○椰泉劉先生 諱邦采、字君亮、王門高第 曰、感應而無起滅、太虛之流行、優優生化之學也、著察而落感應、照心之為用、憧憧往來之私也、優優則時止時行、擬議以成變改、過遷善、同歸於不識不知而已、學案

○玄之何先生 諱楷、明人 曰、六爻之中、一言思、三言志、思何可廢、而至於朋從、則非虛、志何可無、而末而外

而隨人則非虛、極而言之、天地以虛而感物、聖人以虛而感人心、三才之道、盡於是矣、周易訂詁

○敬齋吳先生 諱日慎、字徽仲、明人 曰、虛者感之貞也、天地之常、以其心普萬物而無心、聖人之常、以其情順萬事而無情者、虛而已、君子之學、廓然太公、物來順應、所謂以虛受人也、周易折衷

山上有澤咸、君子以虛受人、易象傳

○伊川程子曰、澤性潤下、土性受潤、澤在山上、而其漸潤通徹、是二物之氣相感通也、君子觀山澤通氣之象、而虛其中、以受於人、夫人中虛則能受、實則不能入矣、虛中者、無我也、中無私主、則無感不通、以量而容之、擇合而受之、非聖人有感必通之道、易傳

○白雲郭先生 諱雍、字子和、宋人 曰、山澤通氣、而後萬物化生、君子法之、以虛受人、唯虛故受、受故能感、不能感者、以不能受者故也、不能受者、以不能虛中故也、周易折衷

○白雲郭先生曰、山上有澤咸、君子以虛受人、唯虛

故受受故能感不能感者以不能受故也不能受者以不虛故也（全上）

中溪張先生（諱清子字希獻元人）曰水之性潤下土之性受潤土之中虛者則於潤無所不受心之中虛者則於人何所不容實則不能相入矣（全上）

龍溪王先生曰山上有澤咸君子以虛受人山澤通氣以山之虛配以澤之潤惟虛故通實則不通矣故曰竅於山川君子觀山澤通氣之象虛其中以受人虛者道之源也目惟虛故能受天下之色耳惟虛故能受天下之聲心惟虛故能受天下之善舜居深山心本虛也一有感觸沛然若決而莫禦以虛而受也目存青黃則明眩而不能辨色耳存清濁則聰聵而不能別聲心存典要則心窒而不能通變君子之學致虛所以立本也（全集）

瞿塘來先生（諱知德字矣鮮明人）曰澤性潤下土性受潤澤之潤有以感乎山山之虛有以受乎澤咸之象也虛者未有私以實之也受者受人之善也人之一心寂然不動感而遂通者虛故也中無私主則無

感不通聞一善言見一善行沛然若決江河矣茍有私意以實之如有所好樂是喜之私實于中矣有所忿懥是怒之私實于中矣既有私意則先入者爲主而感通機窒雖有至者將拒而不受矣故山以虛則能受澤心以虛則能受人（來氏周易集註）

京山郝先生曰艮下兌上是山上有澤也山體虛澤通氣于山山受澤潤以生物交感爲咸君子觀象知天下至靜而虛者莫如山山虛故澤氣上通人心唯虛則太公無我何物不容茍中有先入則機窒而應不神虛以待感故有感斯通來者不拒亦如山澤之通氣也（易正解）

京山郝先生曰卦辭言止太象言虛虛即止也不虛則不止心能虛則無所係累來不將迎去不留滯成無心之感人能常虛其心則恒于其德而與天地聖人不違顏子之屢空是也（全上）

九龍吳先生（諱桂森字叔美明人）曰山之氣上蒸而爲澤澤之氣下潤而滋山故山上有澤二氣感應以相與之象山體篤實何以爲虛山不動而澤自通則非

至虛不能也、君子亦然、主常定寂而感無不通、則非至虛不能也、故程子曰、有主則虛、斯為咸之以虛受人、（周易像象述）

○九龍吳先生曰、君子惟能下、所以能虛人、不卑躬下志以來天下之善、安得天下嚮應、故艮山一下、萬感皆通矣、故虛以受人、君子之咸、（仝上）

易有太極、是生兩儀、兩儀生四象、四象生八卦、八卦定吉凶、吉凶生大業、（繫辭傳）

○濂溪周子曰、無極而太極、（周子全書）

○敬齋胡子（諱居仁、字叔心、明大儒、）曰、太極之虛中者、無昏塞之患、而萬理咸具也、惟其虛、所以能涵具萬理、人心亦然、老佛不知以為真虛空無物、而萬理皆滅也、太極之虛、是無形氣之昏塞也、人心之虛、是無物欲之蔽塞也、若以為真空無物、此理具在何處、（居業錄）

○京山郝先生曰、太極者、大之極、猶太虛也、兩儀者、儀匹也、凡兩皆儀、不問何物為儀也、兩兩成四、四即是象、不問何物為象也、有象皆可為卦、不必天地風雷水火山澤也、是故太極者、人心之象也、兩儀者、天地之象也、四象者、四時之象也、天地四時往來為八卦、而人者、天地之心、人心神明、法象斯顯、人心死則造化不可見、八卦不成、故中天地而立極者人也、關朗曰、物不能自神、神之者人也、易行乎天地之中者人也、愚故曰、易有太極、人心之謂也、（易正解）

○京山郝先生曰、易者、大之極者、太虛是也、太虛本一、一分則兩、是生兩儀、凡物皆有兩儀、天地其大

也、（仝上）

○京山郝先生曰、太極者、大之極、即太虛也、太虛無象、裝揮萬象、大者無體、人心即體、天地至神、待人而存、人心死則儀象沒、人心寂然之中、即太虛、即易、故曰、易不可見、則乾坤或幾乎息、乾坤毀、無以見易、此之謂也、（仝上）

○京山郝先生曰、人生而靜、本覺虛明、與太虛同神、隨感順應、已發之和、不離未發之中、顯仁藏用、事理一、如非緣感生、不隨應滅、故曰、天下之動、貞夫

一、此大易本原、即所謂太極也、無思無為、不測之謂神、天地日月、兩儀四象、自此生、伏羲仰觀俯察、得一所以參天兩地而倚數、一陰一陽而為道也、卦爻彖辭、變動吉凶、悔吝、皆向此中發揮、故曰在中、曰此、曰者、皆指一言也、釋氏以見性成佛、為不二法、跡襲聖人貞一之旨、全上

○念臺劉先生諱宗周、字起東、明大儒、曰、或曰、虛生氣、夫虛即氣也、何生之有、吾遡之未始有氣之先、亦無往而非氣也、當其屈也、自無而之有、有而未始有、及其伸也、自有而之無、無而未始無也、非有非無之間、而即有即無、是謂太虛、是謂太極、學案

儒門空虛聚語卷上

儒門空虛聚語卷下

源後素輯點　受業生諸人全釋

先儒言太虛、言虛、言空、不一而足、皆闡發人心之底蘊、天道之極至、要自孔子空空、顏子屢空上發明來、而實踐者蓋亦多矣、人能服膺之、則必有益乎醫心病、故復以先儒之語及此者、載于下卷、而張子之語、則率收于陋撰劄記中焉、故取其二三、而餘乃略、癸己十一月、自記、

濂溪周子曰、聖可學乎、曰、可、曰、有要乎、曰、有、請問焉、曰、一為要、一者無欲也、無欲則靜虛動直、靜虛則明、明則通、動直則公、公則溥、明通公溥、庶矣乎、通書

明道程子曰、心本至虛、應物無迹也、蔽交於前、其中則遷、故視聽言動、必復於禮、制於外、所以安其中也、久則誠矣、二程遺書

明道程子曰、有主則虛、無主則實、必有所事、全上

曾惇吾先生曰、問有主則虛、無主則實、何如、曰、顧所主何如耳、若道心為主、則渾然未發中而已矣、曷嘗有喜怒哀樂來、故虛、不然則四者皆將乘人心而出矣、豈不交擾而塞耶、○來復堂集理學見解

伊川程子視箴曰、心兮本虛、應物無迹、操之有要、視為之則、蔽交於前、其中則遷、制之於外、以安其內、克己復禮、久而誠矣、二程遺書、及論語顏淵篇註、

康節邵子曰、心一而不分、則能應萬物、此君子所以虛心而不動也、皇極經世書、

康節邵子曰、易之為書、將以順性命之理者、循自然也、孔子絕四、從心一以貫之、至命者也、顏子心齋屢空、好學者也、子貢積多以為學、億度以求道、不能刳心滅見、委身於理、不受命者也、春秋循自然之理、而不立私意、故為盡性之書也、全上

橫渠張子曰、天地以虛為德、至善者虛也、虛者天地之祖、天地從虛中來、張子全書

橫渠張子曰、天地之道、無非以至虛為實、人須於虛中求出實、聖人虛之至、故擇善自精、心之不能虛者、有物榛礙、金鐵有時而腐、山嶽有時而摧、凡有形之物即易壞、惟太虛無動搖、故為至實、詩云、德輶如毛、毛猶有倫、上天之載、無聲無臭至矣、全上

橫渠張子曰、虛則生仁、仁在理以成之、全上

追記 後素按、讀朱子與劉共父書、則以復本體之虛為的、於是可見矣、夫學何以為言之邪、堪注

橫渠張子曰、虛心然後能盡心、全上

延平李子諱侗、字愿中、朱子之師也、曰、虛一而靜、心方實則物乘之、物乘之則動、心方動則氣乘之、氣乘之則惑、惑斯不一矣、不一則喜怒哀樂皆不中節矣、性理正宗

晦菴朱子曰、心之本體、固無時不虛、然而人欲已私汩沒久矣、安得一旦遽見此境界乎、故聖人必曰正其心、而正心必先誠意、誠意必先致知、其用力次第如此、然後可以得心之正、而復其本體之虛亦非一日之力矣、性理正宗

晦菴朱子曰、明德者、人之所得乎天、而虛靈不昧、以具衆理、而應萬事者也、但為氣稟所拘、人欲所蔽、則有時而昏、然其本體之明、則有未嘗息者云云、大學章句

後素案、朱註虛靈不昧、具衆理而應萬事云、未免開後世理與事岐而為二之弊也、似與陽明子虛靈不昧、衆理具而萬事出、心外无理、心外无事之說不合、孟子曰、舜明於庶物、察於人倫、由仁義行、非行仁義也、夫仁義者、理也、事也、由仁義行云、則莫離行心理之事也、理與事一矣、此豈但舜、古之聖人皆為然也、至於霸者之徒則正反之矣、天理梏亡於私欲、而外假之以行尊王攘民之事、於是乎明明理與事為二矣、非所謂行仁義者耶、不識無物、雖一匡九合之事功、孔子猶小其器、孟子亦

不取之、皆以外理而行事故也、外理而行事、則霸者之僞、而非王道之誠也、大學纂寫王道之誠書也、故學其道者、非端緒得失早辨之、則不無南轅北行之誤也、故宜味心外无理心外无事之語、而反求之、則庶乎其不差矣、此某刮目中之語也、今錄焉

魯齋許子諱衡、字仲平、元大儒、曰、合虛與氣有性之名、虛是本然之性、氣是氣禀之性、又曰、性者即形而上者謂之道、理一是也、氣者即形而下者謂之器、分殊是也、性理正宗

雲峰胡先生諱炳文、字仲虎、元人、曰、心之體本如太虛、或景星慶雲、或烈風雷雨、而太虛自若、人之一心、豈能無喜

怒憂懼、然可怒則怒、怒過不留、可喜則喜、喜已則休、喜怒憂懼皆在物而不在我、我雖日接乎物、而不物於物、此所以能全其本體之虛、而無不正也、古今大全

康齋吳子諱與弼、字子傳、明大儒、曰、與弼氣偏於剛、忿求樂、庚寅年二十、從洗馬楊先生學、方始覺之、春季歸自先生官舍、紆道訪故人李原道於秦淮客館、相與攜手淮畔、共談日新、與弼深以剛忿為言、始欲下克之功、原道尋以告吾父母、二親為之大喜、原道

吉安廬陵人、吾毋姨夫中允公從子也、厥後克之之功、雖時有之、其如鹵莽滅裂何、十五六年之間、猖狂自恣、良心一發、憤恨無所容身、去冬今春、用功甚力、而日用之間、覺得愈加辛苦、疑下愚終不可以希聖賢之萬一、而小人之歸無由可免矣、五六月來、覺氣象漸好、於是益加苦功、遂日有進、心氣稍稍和平、雖時當逆境、不免少動於中、尋即排遣、而終無大害也、二十日又一逆事、排遣不下、心愈不悅、蓋平日但制而不行、未有拔去病根之意、

反覆觀之、而後知吾近日之病、在於欲得心氣和平、而惡夫外物之逆以害吾中、此非也、心本太虛、七情不可有所放、物之相接、甘辛鹹苦、萬有不齊、而吾惡其逆我者、可乎、但當於萬有不齊之中、詳審其理以應之、則善矣、於是中心灑然、此殆克己復禮之一端乎、蓋制而不行者硬苦、以理處之則順暢、因思心氣和平、非絕無、於往日但未如此、八九日之無間斷、又往日家和平、多無事之時、今乃能於逆境擺脫、懼學之不繼也、故特書於冊、冀日

追記 後素按、薛文清公學宗朱子而純者也、其於虛也心得之如此、非餘子之所及、

新又新、讀書窮理、從事於敬恕之間、漸進於克己復禮之地、此吾志也、效之遲速、非所敢知、

敬軒薛子 諱瑄、字德溫、明大儒 曰、聖人之心、方其靜時、至虛至明、所謂寂然不動者也、事至物來、應之各有條理、所謂感而遂通者也、是其未應之時、初無一毫妄念之起、所謂無意也、既應之後、隨事而休、所謂無必無固無我也、讀書錄

敬軒薛子曰、欲淡則心虛、心虛則氣清、氣清則理明、全上

敬軒薛子曰、自有之私、皆足為心累、如自有其善、便為善所累、自有其能、便為能所累、自有其貴、便為貴所累、自有其富、便為富所累、凡自有者、皆足以為心累、惟聖人之心、廣大光明、無一毫之私累、真與太虛同體也、全上

敬軒薛子曰、雷霆風雨、參錯交動於下、而太虛之本體自若、萬事萬變、紛紜膠擾於外、而吾心之本體自如、全上

敬軒薛子曰、心虛有內外合一之氣象、全上

敬軒薛子曰、廣大虛明氣象、無欲則見之、全上

敬軒薛子曰、心虛能涵萬理、全上

敬軒薛子曰、石壁上草木、最可見生物自虛中來、虛中則實氣是也、全上

敬軒薛子曰、學至於心中無一物、則有得矣、全上

白沙陳子 諱獻章、字公甫、明大儒、 曰、學者不但求之吾心、察於動靜有無之機、致養其在我者、而勿以聞見亂之、去耳目支離之用、全虛圓不測之神、一開卷盡得之矣、非得之書也、得自我者也、白沙集

余[illegible]

敬齋胡子曰、理無形而具於心、心具是理而無迹、故可謂之虛、不可謂之無、不可謂之空、空則無矣、心不虛不能涵具衆理、所以心體本虛也、居業錄

敬齋胡子曰、太極之虛中者、無昏塞之患、而萬理咸具也、惟其虛所以能涵具萬理、人心亦然、老佛不知以為真虛空無物、而萬理皆滅也、太極之虛是無形氣之昏塞也、人心之虛、是無物欲之蔽塞也、若以為真空無物、此理具在何處、全上

敬齋胡子曰、學一差便入異教、其誤認聖賢之意者

甚多此言無爲是無私意造作彼遂以爲真虛淨無爲矣此言心虛者是心有主而外邪不入故無昏塞彼遂以爲真空無物矣此言無思是寂然不動之中萬理咸備彼遂以爲真無思矣此言無適而非道是道理無處無之所當操存省察不可造次顛沛之離彼遂以爲凡其所適無非是道故任其倡狂自恣而不顧也仝上

東岩夏先生（諱尚朴字敦夫明人）曰聖人定之以中正仁義而主靜立人極焉自註云無欲故靜蓋中正仁義是

理主靜是心惟其心無欲而靜則此理自然動靜周流不息矣觀通書無欲則靜虛動直可見矣主靜之靜不與動時對乃大學定靜之靜集註云靜謂心不妄動是也明儒學案

東岩夏先生曰爲學固要靜存動察使此心未能無欲雖欲存養省察無下手處直須使此心澹然無欲則靜自然虛動自然直何煩人力之爲耶程子云識得此理以誠敬存之不須防檢不須窮索心懈則有防心苟不懈何防之有理有未明故須窮

追記 後素按如虛齋先生以虛貫靜義摩也而其於虛上下工夫可謂勤矣併著是文及下文可識矣

索存久自明安待窮索與通書之言相表裏仝上

虛齋蔡子曰虛而一盡矣蔡虛齋全集

虛齋蔡子曰靜之一字更須於動中驗之動而不失其靜乃爲得力反覆體驗又止是虛而已蓋居常一念及靜字猶覺有待於掃去煩囂之意唯念個虛字則自覺便安目前縱有許多勞擾而裏條路元自分明無用多費力而亦自不至懈惰也且靜亦須虛方是靜本色不然形靜而心騖於外或入於禪者何限仝上

虛齋蔡子曰人心本是萬理之府惟虛則無障礙學問工夫大抵只是要去其障礙而已此言吾未能盡行之但彷彿似有一二時襲得此光景者或非意之來應之若頗閒暇至寤寐之際亦覺有甜趣故吾妄意虛之一字就是聖賢成終成始之道仝上

陽明王子曰仙家說到虛聖人豈能虛上加得一毫實佛氏說到無聖人豈能無上加得一毫有但仙家說虛從養生上來佛氏說無從出離生死苦海上來卻於本體上加卻這些子意思在便不是他

虛無的本色了、便於本體有障礙、聖人只是還他良知的本色、更不著些子意在、良知之虛便是天之太虛、良知之無便是太虛之無形、日月風雷、山川民物、凡有貌象形色、皆在太虛無形中發用流行、未嘗作得天的障礙、聖人只是順其良知之發用、天地萬物俱在我良知的發用流行中、何嘗又有一物超於良知之外、能作障礙、全集語錄

陽明王子答南元善書曰、夫惟有道之士、真有以見其良知之昭明靈覺圓融洞徹廓然與太虛而同

體、太虛之中、何物不有、而無一物能為太虛之障礙、蓋吾良知之體本自聰明睿知、本自寬裕溫柔、本自發強剛毅、本自齊莊中正、文理密察、本自溥博淵泉而時出之、本無富貴之可慕、本無貧賤之可憂、本無得喪之可欣戚愛憎之可取舍、蓋吾之耳而非良知、則不能以聽矣、又何有於聰、目而非良知、則不能以視矣、又何有於明、心而非良知、則不能以思與覺矣、又何有於睿智、然則又何有於寬裕溫柔乎、又何有於發強剛毅乎、又何有於齊莊中正文理密察乎、又何有於溥博淵泉而時出之乎、云云、全集

陽明王子曰、目無體、以萬物之色為體、耳無體、以萬物之聲為體、鼻無體、以萬物之臭為體、口無體、以萬物之味為體、心無體、以天地萬物感應之是非為體、全集語錄

後素案、王子之所謂心無體者、與薛文清公心中無一物之說一般、以共洞見太虛之故、如此說得、而各實見也、

陽明王子曰、虛靈不昧、衆理具而萬事出、心外無理心外無事、全上

甘泉湛先生曰、天地至虛而已、虛則動靜皆虛、故能合一、恐未可以至靜言、明儒學案上

甘泉湛先生曰、虛實同體也、佛氏岐而二之、己不識性、且求去根塵、非得真虛也、世儒以佛氏為虛無、烏足以及此、全上

甘泉湛先生曰、孟子之言求放心、吾疑之、孰疑之、曰、以吾之心而疑之、孰信哉、信吾心而已耳、吾常觀吾心於無物之先矣、洞然而虛、照然而靈、虛者、心

之所以生也、靈者、心之所以神也、吾常觀吾心於
有物之後、炱窒然而塞、憒然而昏、塞者、心之所以
死也、昏者、心之所以物也、其虛爲靈、爲非由外來
也、其本體也、其塞爲昏、爲非由內往也、欲蔽之也、
其本體固在也、一朝而覺、爲蔽者徹、虛而靈者見
矣、日月蔽於雲、非無日月也、鑑蔽於塵、非無明也、
人心蔽於物、非無虛與靈也、心體物而不遺、無內
外、無終始、無所放處、亦無所放時、其本體也、信斯
言也、當其放於外、何者在內、當其放於前、何者在

後、何者求之、放者、一心也、求者、又一心也、以心求
心、所爲憧憧往來、朋從爾思、秖益亂耳、況能有存
耶、夫欲心之勿蔽、莫若寡欲、莫若主一、全上

一峯羅先生 諱倫、字彝正、明人、 曰、君子之學、持靜之本、以存
其虛、防動之流、以守其一、虛則內有主而不出、一
則外有防而不入、則物不交於我矣、物不交於我、
則我之所以爲我者、非人也、天也、羅子集

南山黃先生 諱潤玉、字孟淸、明人、 曰、天只氣、地只質、天地之生
萬物、如人與生毛髮、任其氣化自然也、而人獨有

猪飼翁校讎、以一人之聽聞、

心中一竅氣、寓得理而靈、故曰心神、然太虛中亦
有一團氣靈、如人心者、則曰天神、學案

緒山錢先生 諱德洪、字洪甫、王門高第、 復楊斛山書曰、來教承舉
無善無惡、與感物而動二言之疑、如兄所辨、更復
奚詞、竊意先賢立言、各有所指、於人所不疑之中、
發其疑端、正欲使人反思而有得耳、千古聖賢立
言、人各不同、夫豈不欲相襲成說、以一人之聽聞、
大抵皆因時設法、自不能以盡同耳、雖曰因時設
法、此心之體、本來如是、未嘗有所私意撰說其間、

追記　陽操洪心淵剖說曰、心體虛靈而已矣、惡固無疑、善不可有、如先有善而塞焉、則神明於不能虛靈也等

以苟一時之效也、以兄之高明、少離成說、精研此
體於湛寂之地、必有超然獨悟、沛決江河、而莫之
能禦者矣、如以辭而已矣、則如所舉數條、前人論
說既詳、信而無疑矣、又何必爲是殊方之論、以起
紛紛之辨邪、人之心體、一也、指名曰善可也、曰至
善無惡亦可也、曰無善無惡亦可也、曰善、曰至善、
人皆信而無疑、又爲無善無惡者何也、至善之體、
惡固非其所有、善亦不得而有也、至善之體、虛靈
也、猶目之明、耳之聰也、虛靈之體、不可先有乎善、

我褻狎之念常在於心、此乃善而非惡也、然欲經父母之喪則我不安當念以安焉而不自知不仁之罪亦於聖師也其泰於善之害即如此況悉乎陽明先生曰、無善無惡心之體、以此故也、非物逗者之所能知也、而詭詭議議之何也、

猶明之不可先有乎色、聽之不可先有乎聲也、目無一色、故能盡萬物之色、耳無一聲故能盡萬物之聲、心無一善、故能盡天下萬事之善、今之論至善者、乃索之於事事物物之中、先求其所謂定理者、以為應事宰物之則、是虛靈之內先有乎善也、虛靈之內、先有乎善、是耳未聽而先有乎聲、目未視而先有乎色、塞其聰明之用、而窒其虛靈之體、非至善之謂矣、今人乍見孺子入井、皆有怵惕惻隱之心、怵惕惻隱、是謂善矣、然未見孺子之前先加講求之功、預有此善以為之則邪、抑虛靈觸發、其機自不容已邪、目患不能明、不患有色不能辨、耳患不能聽、不患有聲不能聞、心患不能虛、不患有感不能應、虛則靈、靈則因應無方、萬感萬應、萬應俱寂、是無應非善、而實未嘗有乎善也、其感也無常形、其應也無定迹、來無所迎、去無所將、不識不知、一順帝則者、虛靈之極也、赤子匍匐將入井、自聖人與塗人並而視之、其所謂怵惕惻隱者、聖人不能加、而塗人未嘗減也、但塗人擬議於乍見

之後、已瀳入於納交要譽之私矣、然則乍見之發、豈非生於不識不知之中、而瀳入之私、豈非蔽於擬議之後耶、然則塗人之學聖人也、果憂怵惕惻隱之不足邪、抑去其蔽以還其乍見之初心也、凡人心之有皆私也、程子曰、君子之學、莫若廓然而太公、物來而順應、夫所謂廓然者、不蔽其虛靈之謂也、虛靈之蔽、不但邪思惡念、雖至美之念、先橫於中、積而不化、已落將迎意必之私、而非時止時行之用矣、故自惻隱以保四海、自孩提以達天下、自赤子以至大人、實無假取足於外、而本來真體渾然全具、學問之功、雖自人一以至己百、人十以至己千、亦不過反其初爲己矣、真體之上、固未嘗有所增益也、後之學聖人者、不思反復其初、而但恐吾心之聰明不足以盡聖人之知見、倀倀爲求索於外、假借影響測億之似、自信以為吾心之真得、是矇其目以擬天下之色、塞其耳以憶天下之聲、影響測億之似、拘執固滯之迹、適足以塞吾虛靈之真體、礙吾順應之妙用、其去至善也益遠矣、

鑑之照物、而天下莫逃以妍媸者、以其至空也、衡之稱物、而天下莫欺以輕重者、以其至平也、衡能一天下之輕重、而不可加以銖兩之積、鑑能別天下之妍媸、而不可留夫一物之形、心能盡天下之善、而不可先存乎一善之迹、太虛之中、日月星辰風雨露雷曀霾絪縕、何物不有、而未嘗一物為太虛之有、故曰一闔一闢謂之變、往來不窮謂之通、日往則月來、月往則日來、而明自生、寒往則暑來、暑往則寒來、而歲自成、往者屈也、來者伸也、屈伸相感而利自生、故曰天下何思何慮、天下同歸而殊塗、一致而百慮、夫既曰百慮、則所謂何思何慮者、非絕去思慮之謂也、千思萬慮而一順乎不識不知之則、無逆吾明覺自然之體、是千思萬慮、雖謂之何思何慮亦可也、此心不可先有乎一善、是至善之極、雖謂之無善亦可也、故先師曰、無善無惡者心之體、是對後世格物窮理之學、為先乎善者立言也、特因時設法、不得已之辭耳、然至善本體本來如是、固亦未嘗有所私意撰說其間也、告

子以性為無善無不善、蓋其認義為外、認性為內、守其空寂之虛體、訓制不動、以速一時之效、內外兩截、已失至善之體矣、非先師立言之旨也、感物而動之動、即動於欲之動、非動靜之動也、動靜二字之義、有對舉而言者、亦有偏舉一字而二義備者、周子主靜之靜、是兼動靜而言也、其自註曰、無欲故靜、夫無欲故靜、是有欲即動也、動則失其至靜之體矣、記曰、人生而靜、天之性也、即靜一言、已盡夫性體寂感之理、感於物而動、是動則失其至靜之體、涉於欲也、故程子曰、人生而靜以上不容說、纔說性、便已不是性矣、謂求其性於既動之後、非性之真也、故靜之一言、實千古聖學之淵微、然非精凝湛寂自得於神領獨悟之中者、未易以言說窮也、洪之得於所聞者若是、然先師去我久矣、亦不知昔日所聞者果若是否邪、姑據此心以求正耳、幸賜裁教、不吝往復、至愛至荷、王門宗旨

龍溪王先生與吳中淮書曰、區區暮年來、勘得生死一關、頗較明白、生死如晝夜、人所不免、四時之序、

成功者退、人生天地間、此身同於太虛、一切身外
功名得喪、何足以動吾一念、一日亦可、百年亦可
徴倜、活潑無依、聞道人、方不虛生浪死耳、惟是老
師所傳究竟一脉、未得人承領、日夜疚心、不無豪
傑明爽者、或失誠實、篤厚者、或失頴慧、所以注念
於吾執事、尤耿耿不容已、不知近來行持更復何
似、知吾丈愛我信我、當不以為謬悠也、仝上
龍溪王先生曰、天行健、君子以自強不息、乾天德也、
天地靈氣、結而為心、無欲者、心之本體、即所謂乾
也、天德之運、晝夜周天、終古不息、日月之代明、四
時之錯行、不害不悖、以其健也、聖德之運、通乎晝
夜、終身不息、堯舜兢業、文王緝熙、孔子不厭不倦、
同乎天也、賢人以下、不能以無欲、非強以矯之、則
不能勝、故曰、自勝者強、所欲不必沉溺、意有所向
便是欲、寡之又寡、以至於無、人以天定、君子之強、
以法天也、孔門好學、莫如顏子、竭才於博約之訓、
欲罷不能、不遷、不貳、三月不違、顏子之勇、所謂健
也、周子深於易者也、定之以仁義中正、主靜以立

人極、無欲故靜、一者、無欲也、蓋幾之矣、嘗考天文、
天行有常度、而無停機、天非有體也、因星之附麗
以為體、天如倚蓋、南北二極相貫、北高南下、窺之
以管、極中一星旋轉尤密、不出管中者曰紐星、所
舍天之樞也、天體不動、非不動也、旋轉不離於垣、
猶樞之闔闢不離於臼、未嘗有所動也、故曰、維天
之命、於穆不已、天之所以為天也、無有遠近高深、
受命如響、此造化之樞紐、千聖相傳之秘藏也、儒
者諱言虛寂、夫子於感發感應之理詳言之何也、
蓋天下之感、皆生於寂、而其應也皆本於虛、虛以
適變、寂以神感、何思何慮、所以一天下之動、堯之
中、舜之微、文之穆、孔子之默、以至顏之愚、周之靜、
皆是物也、世儒泥於典要、思為固昧、夫所謂虛寂
之體、二氏之學、外倫物之感應、溺於清虛寂滅、又
豈足以立天下之有、而成天下之務、此聖學所以
不明、而造化或幾乎息矣、龍溪文集
龍溪王先生曰、楚侗子問老佛虛無之旨、與吾儒之
學同異何如、曰、先師有言、老氏說到虛、聖人豈能

于虛上加得一毫實、佛氏說到無、聖人豈能于無上加得一毫有、老氏從養生上來、佛氏從出離生死上來、却在本體上加了些子意思、便不是他虛無的本色、吾人今日未用屑屑在二氏身分上辯別同異、先須理會吾儒本宗明白、二氏毫釐始可得而辨耳、聖人微言見于大易、學者多從陰陽造化上抹過、未之深究、夫乾其靜也專、其動也直、是以大生焉、夫坤其靜也翕、其動也闢、是以廣生焉、便是吾儒說虛的精髓、無思也、無為也、寂然不動、

感而遂通天下之故、便是吾儒說無的精髓、自今言之、乾屬心、坤屬身、心是神、身是氣、身心兩事、即火即藥、元神元氣、謂之藥物、神氣往來、謂之火候、神專一、則自能直遂、性宗也、氣翕聚則自能發散、命宗也、真息者、動靜之機、性命合一之宗也、一切藥物老嫩浮沉、火候文武進退、皆于真息中求之、大生云者、神之馭氣也、廣生云者、氣之攝神也、天地四時日月、有所不能違焉、不求養生而所養在其中、是之謂至德、盡萬卷冊經、有能出此者乎、無

思無為、非是不思不為、念慮酬酢、變化云為、如鑑之照物、我無容心焉、是故終日思、而未嘗有所思也、終日為、而未嘗有所為也、無思無為、故其心常寂、常寂故常感、無動無靜、無前無後、而常自然不求脫離也、而自無生死可出、是之謂大易、盡三藏釋典、有能外此者乎、先師提出良知兩字、範圍三教之宗、即性即命、即寂即感、至虛而實、至無而有、千聖至此、騁不得一些精釆、活佛活老子至此、弄不得一些伎倆、同此即是同德、異此即是異端、如

開拳見掌、是一是二、曉然自無所遁也、不務究明本宗、而徒言詮意見之測、泥執名象、纏繞葛藤、祇益紛紛射覆耳、全上

猪飼彥博按、姓當作氏、

中離薛先生曰、後儒謂釋空老無為異、非也、二姓之蔽、在遺倫、不在虛無、著空淪無、二氏且以為非、以是罪之、故弗服也、聖人亦曰虛明、曰以虛受人、亦曰無極、曰無聲無臭、雖至元渺、不外彝倫日用、即聖學也、安可以虛無二字歸之二氏、以是歸之二氏、則必落形器、守方隅、泥文義、此聖學之所以不

明也（明儒學案）

中離薛先生曰、或疑陽明先生之學涉虛、問曰、涉虛何謂也、對曰、子以虛為非乎、以偏於虛而後為非乎、夫以虛為非、則在天為太虛、在人為虛明、又曰、程子之說有主則虛、曰君子以虛受人、曰聖人虛之至也、今子以虛為禪、而必以勿虛為學、則糟粕足以醉人之魂、而弗靈矣、骨董足以膠人之柱、而勿清矣、藩籬格式足以掣人之肘、而勿神矣、曰若然則儒釋奚辨、曰仙釋之虛、遺世離倫、虛而虛者也、

聖賢之虛、不外彝倫日用、虛而實者也、故冲漠無朕、而曰萬象森然、是故靜無勿具也、視之不見、聽之弗聞、而曰體物不遺、是故動無弗體也、神無方、而易無體、而曰通乎晝夜而知、斯良知也、致之之極、時靡勿存、是故無方無體、虛之至也、至虛而後不器、不器而後無弗能、（仝上）

中離薛先生曰、直甫問虛無乃老釋之非、曰吾儒亦然、終未安、曰虛者太虛也、太虛原無一物、是虛無也、天下萬物萬事、豈能有外太虛者乎、生生化化、

後素接續文論辨儒佛之虛尤詳悉學者宜玩味之

皆從此出、為人子能虛以事親則孝、為人臣能虛以事君則忠、若實之以慕少艾、私妻子、懷寵計利、則不能矣、曰老釋之虛虛而虛、吾儒之虛虛而實、亦有辨、曰如子之言、是亦虛矣、何謂不然、且虛而虛虛而實之言亦未明、須知離乎人倫物理而虛無者、二氏之謬也、不離人倫日用而虛無者、吾儒之學也、（仝上）

中離薛先生曰、問聖愚一致、始終本末、同條共貫處何如、曰孔子無言之教至精者也、百姓日用飲食

至麤者也、然無言、此虛明也、日用飲食、此虛明也、故曰人莫不飲食、鮮能知味也、食能知味、行能知步、瞬能知存、息能知養、為子知孝、為臣知忠、至於知化知天一也、（仝上）

明水陳先生（諱九川、字惟濬、王門高第）曰、誠意之學、却在意上用不得工夫、直須良知全體洞徹、普照旁燭、無纖毫翳障、即百慮萬幾皆從此出、方是知幾其神、乃所謂誠其意也、若俟意之不善、倚一念之覺、即已非誠、落第二義矣、却似正心別是上面一層工夫、故

竊謂炳於幾先、方是誠意之學、先師云、致知者、誠意之本也、若謂誠意之功、則非矣、格物、却是誠意之功、故曰、致知在格物、夫知之所以不致者、物未格耳、物雖意之所在、然不化則物矣、誠能萬感俱化、胸中無一物矣、然後本體廓然、與天地同體、即意無不誠矣、仝上

南野歐陽先生諱德、字崇一、王門高第、曰、良知本虛、致知即是致虛、真實而無一毫邪妄者、本虛之體也、物物慎其獨知而格之、不以邪妄自欺者、致虛之功也、南野文選

雙江聶先生諱豹、字文蔚、王門高第、曰、知者、心之體、虛靈不昧、即明德也、致者、充滿其虛靈之本體、江漢濯之、秋陽暴之、致知即致中也、寂然不動、先天而天弗違者也、格物者、致知之功、用物各付物、感而遂通天下之故、何思何慮、後天而奉天時也、如好好色、惡惡臭之類是也、此予之說也、格其不正以歸於正、乃是先師為下學反正之漸、故為是不得已之詞、所謂不正者、亦指夫意之所及者言、非本體有所

不正也、不善體者、往往賺入襲取窠臼、無故為伯者立一赤幟、此余之所憂也、明儒學案

雙江聶先生曰、寂然不動中涵太虛、先天也、千變萬化、皆由此出、可以合明合序合吉凶、故曰、天弗違、觸之而動、感而後應、後天也、何思何慮、遂通而順應之、故曰、奉天時、言人力一毫不與也、仝上

兩峰劉先生曰、天地萬物生於虛、而虛亦非出於天地萬物之外、仝上

兩峰劉先生曰、意根風波、一塵蔽天、豪傑之士、往往為其所誤、故學在於致虛以澄其源、仝上

黎洲黃先生論劉兩峯之學曰、謂其門人王時槐、陳嘉謨、賀涇曰、知覺本虛、虛乃生生、虛者天地萬物之原也、吾道以虛為宗、汝曹念哉、與後學言、即塗轍不一、慎勿違吾宗可耳、隆慶六年五月卒、年八十有三、張子曰、若謂虛能生氣、則虛無窮、氣有限、體用殊絕、入老氏有生於無自然之論、先生所謂知本虛、虛乃生生、將無同乎、蓋老氏之虛、墮於斷滅、其生氣也、如空谷之谺、槖籥之風、虛與氣為二也、先生之虛、乃常止之真明、即所謂良知也、其常止之體、即是主宰、其常止之照、即是流行、為物不二者也、故言虛同而為虛實異、依然張子之學也、仝上

三五劉先生諱陽、字一舒、王門弟子、曰、惟虛故神、惟敬乃虛、洞語

近齋朱先生諱得之、字本思、王門弟子、曰、太虛浮雲、過化也、乾乾

不息於誠、存神也、存神則過化矣、所過不化、不存神也、存神而過化、所以與天地同流、（明儒學案）

善山何先生（諱廷仁、字性之、王門高第、）曰、誠知本體無容用其力、則凡從前著意尋求、要皆敲門瓦礫耳、門開則瓦礫誠無所施、雖太虛中、何物不有、門户瓦礫色色具列、而不能滓於太虛、思而無思、擬議而無擬議、道本如是耳、是故戒愼恐懼格物致知、雖爲衆人設法、在聖人惟精亦不廢、不然孔子嘗謂吾有知乎哉、無知也、而又憂聞義不能徙、不善不能改、是以上達不離下學中、得之則磨礱改過、正見聖人潔淨精微、（仝上）

方山薛先生（諱應旂、王門高第、）曰、天下之事變無常、而寇盜之險譎尤不可以一定測、君子之心、貴乎常虛、而於用兵之際、尤不可以恃一己之見、故必人之心思盡爲我用、則我之謀慮無敵於天下矣、人之耳目盡爲我用、則我之聰明無敵於天下矣、苟自用而不用人、則雖有逸群之才、高世之見、而千慮一失、吾未見其能濟也、譬諸器爲、虛則注、滿則覆、此

追記 後素按兵家者流、了此文則勝於讀七書矣、

自然之理、無足怪者、夫逸群之才、高世之見、且不可恃、矧可以勢位加人、而是己之非、遂初之繆、蔑視群策、讓不究心乎、昔田忌以公子之貴、韓信以大將之尊、勢位固莫加爲、而其才與見、則尤所謂逸群而高世者也、然於刖足之孫臏、僨軍之左車、汲汲爲師事之不遑、而卒成伐魏之功、肇興漢之業者、凡以其心之虛也、向使其心不虛而自滿、則以如是之勢位、而且有如是之才之見、其視二人不過刑餘就縛之輩耳、鄙賤孰甚爲、縱其有言、且不見聽、矧肯極其尊禮、而求之懇切、問之慇懃若是邪、由是觀之、惟共濟吾之事、即當不問人己、不分彼此、縉紳之言可采也、介冑之言可采也、道路芻蕘之言可采也、亡卒敗軍之言可采也、故曰、人一之我萬之、人塞之我通之、如是而寇不滅功不成者、吾未之見也、（薛方山集）

栁泉劉先生曰、心之爲體也虛、其爲用也實、義質禮行、遜出信成、致其實也、無意無必、無固無我、致其虛也、虛以通天下之志、實以成天下之務、虛實相

生、則德不孤、是故常無我以觀其體、心普萬物而無心也、常無欲以觀其用、情順萬事而無情也、學案

念菴羅先生 諱洪先、字達夫、王門私淑、 曰、當極靜時、恍然覺吾此心中虛無物、旁通無窮、有如長空雲氣流行、無有止極、有如大海魚龍變化、無有間隔、無內外可指、無動靜可分、上下四方、往古來今、渾成一片、所謂無在而無不在、吾之一身、乃其發竅、固非形質所能限也、是故縱吾之目、而天地不滿於吾視、傾吾之耳、而天地不出於吾聽、冥吾之心、而天地不逃於吾思、古人往矣、其精神所極、即吾之精神未嘗往也、云云、文集

念菴羅先生曰、今夫大學言學之大、將以別於異端、則明德親民是也、至善、言其體也、虛寂而又能貫通、何善如之、知止、則自定靜安慮、復其虛而能通者、是謂能得、知止者、言其功也、格物以致知、知止矣、通天下與吾為一物、莫非物也、而身為本、有身則天下國家兼之矣、莫非事也、而脩身為始、身脩則齊治平兼之矣、知所先後、而後所止不疑、得其

一萬事畢、仝上

念菴羅先生曰、劉獅泉素持元虛、即今肯向裡著己、收拾性命、正是好消息、學案

念菴羅先生曰、終日紛紛、不覺勞煩、緣動神而後有勞、神氣不動、即動應與靜中無有異境、此中虛而無物故也、仝上

念菴羅先生曰、致良知者、致吾心之虛靜而寂焉、以出吾之是非、非逐感應以求其是非、非使人擾擾外馳、而無所於歸、以為學也、夫知其發也、知而良、則其未發、所謂虛靜而寂焉者也、吾能虛靜而寂、雖言不及亦可也、仝上

追記
後素按、心是既盎然、能慈湖之心、而雲物不足為太虛之障云云、確乎不可易、象有詩詞其疏曰、節將浮雲蔽太空、七情起滅自如、同掃物秋星稍垂照、不疑白日在其中、

荊川唐先生 諱順之、字應德、明人、 曰、慈湖之學、以無意為宗、竊以學者能自悟本心、則意念往來、如雲物相盪於太虛、不惟不足為太虛之障、而其往來相盪、乃即太虛之本體也、何病於意、而欲掃除之、苟未悟本心、則其無意者、乃即所以為意也、心本活物、在人默自體認、處何如、不然則得力處、即受病處矣、仝上

西原薛先生 諱蕙、字君采、明人、 曰、太虛之中、一理旁薄、宰有

二乎。幽明人鬼未始不一。上帝固曰天。吾心亦天也。鬼神固曰神。吾心亦神也。及世愈衰。小人自知其愚。忘意神道為茫昧。故肆其惡而無忌憚。謂天為弗知。而吾心已知矣。謂神為可欺。而吾心已不可欺矣。書曰。天聰明自我民聰明。民之聰明即天之聰明也。不然億兆至衆。天將竭聰明以伺之。不亦勞乎。（全上）

我疆孟先生（諱秋。字子成。明人。）曰。心無方無體。凡耳目視聽一切應感皆心也。指腔子內為言者。是血肉之軀。非靈瑩之天君矣。（全上）

晉莽楊先生（諱東明。明人。）曰。善字有二義。本性之善乃為至善。如眼之明。鑑之明。明即善也。無一善而萬善之所從出也。此外有意之感動而為善者。如發善念行善事之類。此善有感則生。無感則無。無乃適得至善之本體。若有一善。則為一善所障。而失其湛空之體矣。這善字。正是眼中金屑。鏡中美貌。美則美矣。其為障一也。文成所云。無善無惡者。正指感動之善而言。然不言性之體而言心之體者。性

主其靜。心主其感。故心可言有無。而性不可言有無也。如曰出入無時。莫知其鄉。惟性之謂與。則說不去矣。（全上）

天臺耿先生（諱定向。字在倫。明人。）曰。人心未交於感也。湛然虛耳。何俟於洗。而亦何容於洗也。自知識起。而吉凶臨吝之感生。是故憂患攻取。憧憧往來。而虛者汩矣。聖人示之以卜筮之法。使人之於感也。知識不用。歸於其天。而憂臨攻取。相忘於無朕之中。其為洗心也。不已妙歟。（全上）

覺山洪先生（諱垣。字峻之。明人。）曰。萬物不能礙天之大。萬事不能礙心之虛。（全上）

一莽唐先生曰。天地從空中生。故生而不有其生。其為物不貳。則其生物不測。夫太虛者。致一之道。故曰不貳。人亦從空中生。非天地所生。大哉乾元。至哉坤元。亦致一之道。天地包裹其中。空為萬靈聚所。人氣質包裹空。藏於心。亦為萬靈聚所。屈伸闔闢。化機牽擾。而其靈未嘗滅。牽擾者生於有。其生未嘗滅者。乃乾元坤元太虛之真生。有其生亦生

追記
後素按立有
生之機下脫
有生眞終置
之化然有生
之機四字有
三本而在假
字上有生二
字乃衍令改
正

於真生、初無相別、要之萬靈一真、一事靈則萬事
靈一也、有致一之靈、於一事以分合為真假、以存
逐為空塞、空則不塞、不塞則萬物皆備、故盡萬物
而無邊際則空、落一念著一物、則靈為一隅所覆、
是以牽擾之生、即其所在雖未嘗不生、而終死於
其生、乃非所以生生、故曰非真生、古謂無思無為、
不識不知、即真生之無生、又謂心之官則思、思者
聖功之本、即真生之自然、生無生者、無逐物之生、
自然生者、生虛空之生、世人之思患在離虛而逐

物、迷中起悟、則有轉向入身來 全上
一葊唐先生曰、理氣無彼此、無異同、無偏全、總是太
虛影子、虛之極則能生、故流行而為氣、虛之極則
不滯故靈、通而為理、不滯則所以為生、生則得於
有生、所以為生、立有生之機、有生假終置之化而
見、氣外別無情理處、漢宋諸儒分理氣作二種、不
知性即理、性亦即是氣、故曰、仁者人也、形色天性
也、性中無五德、五德所發見處都是性、氣亦無二
氣、五氣只有元氣流行、隨在變化、這裡有所存主、

使謂之德、各中時措之宜、便有五者名目、若在五
者上覓性、則非德矣、天地有人、如人腹內有心、人
為萬物之靈、於理氣不容毫髮分別、雖禽獸草木、
誰或出此氣、各有偏塞、理亦即此而在、蓋理無定
體、可通處即是、若必以能言能聽能行、衣冠禮樂
為理、即是泥於人相、不曾推見至理、苟泥於人相、
雖天地亦喚不得作全理、風雨露雷、山河大地、俱
不是神物、若能超於人物相外、則禽獸之生化、草
木之榮瘁、何等聲名文物、各擅通處、若真論到極

全大備、天地之道、人猶有所憾、只有人者天地之
心、聖人成能知天地之化育、中間純駁去處、復有
丹頭可據、點化有特也、全上
一葊唐先生曰、浩浩大虛、無有際住處、中間靈通神
妙、徹宇徹宙、亦不見從何處舉起、向何處引著、人
氣質之凝、似有住際、然神通在心、故其氣也無涯、
其有涯惟有生耳、舍其有生而能自主、其所為氣、
總是浩浩一物、乘不間之體、而尸本全之化、初未
嘗毫髮添助、亦未嘗毫髮假借、界隔塵根、妄施好

追記
西樂洗心洞
劄記曰心卽
五臟之心而
不別有心也
者也其五臟
之心僅方一
寸而積蓄天
理萬象森著
曰性不過是
此氣之極有
條理處舍氣
之外安得有
心心之妙處
在方寸之虛
則性之所宅
也書說不與
之觸而同然

惡、遂使靈氣墮於有涯、而太虛眞機、時無流行而
不息、乃舍此而他求學問之功、其荒矣哉、仝上
一莽唐先生曰、齊治平、乃脩身之所在、心則身之主
宰、然心太虛、不能施力、則感應處可以表見、是為
意、這感應從何來、心虛則生靈、曰知、有物一觸其
靈、畢照、於是因其物感、以此靈照而應之、則格致
之功盡、感應實得其理、而主宰者是正矣、仝上
鶴徵唐先生字元卿、號凝菴、荊川之子、曰、心性之辨、今古紛然、不
明其所自來、故有謂義理之性、氣質之性、有謂義

理之心、血氣之心、皆非也、性不過其此氣之極有
條理處、舍氣之外、安得有性、心不過五臟之心、舍
五臟之外、安得有心、心之妙處在方寸之虛、則性
之所宅也、觀製字之義則知之矣、心中之生則性
也、蓋完完全全、是一個乾元托體於此、故此方寸
之虛、實與太虛同體、故凡太虛之所包涵、吾心無
不備焉、是心之靈卽性也、詩書言心不言性、言性
不言心、非偏也、舉心而性在其中、舉性而心在其
中矣、蓋舍心則性無所於宅、舍性則心安得而靈

猶係君子上
論、

哉、孟子曰、盡其心者知其性也、始兼舉而言之、實
謂知得心中所藏之性而盡之、乃所以盡心也、非
知性則心又何所盡耶、其不可分言益明矣、試觀
人病瘵、迷心竅、則神不守舍、亦一驗也、仝上
敬菴許先生諱孚遠、字孟仲、明人、曰、人心如太虛、元無一物可
著、而實有所以為天下之大本者在、故聖人名之
曰中、曰極、曰善、曰誠、以至曰仁、曰義、曰禮、曰智、曰
信、皆此物也、善也者、正中純粹而無疵之名、不雜
氣質、不落知見、所謂人心之同然者也、故聖賢欲

其止之、仝上
遵巖王先生諱愼中、字道思、明人、曰、目以精用、口鼻以氣用、而
惟耳以神用、目有開闔、口有吐納、鼻有呼吸、惟耳
無出入、佛家謂之圓通、順與逆對、孔子知天命、能
與太虛同體、方能以虛應世、知言
道林蔣先生諱信、字卿實、明人、曰、六經並不曾空空說、聖人
之心如何樣子、都在事上見他心、上面蒼然、下面
塊然、中間萬象森然、我此身、却在空處立、著這空
處是甚麽、都是氣充塞在、無絲毫空缺、這個便是

追記 後來挾孔孟之是恐孟誤

天、更向何處說天、知眼前這空是天、便知極四方上下往古來今渾是這一個空一個天、無中邊無遠近、亦便知眼前一寒一暑、風雨露雷、我此身耳目口鼻四肢百骸、與一片精靈知覺、總是這一個空、生生變化、世人隔形骸分爾汝、隔藩牆分比鄰、見得時便是剖破藩籬、即大家已登堯舜孔子禹皋顏孟路上行矣、何由見得、收拾此心、到點處即是天、聰明便照破矣、故曰盡其心則知性知天、學案

道林蔣先生曰、有問動靜皆寂恐落空者、曰、似賢輩且落空亦不妨、仝上

濟園焦先生曰、語云、能制一情者、可以成德、能忘一情者、可以契道、制情者絕之始萌也、然制情情存、第不造惡而已、忘情者、情未萌也、情既不萌、忘何所忘、情忘心空、道將來契、斯孔是之所謂仁、日錄

東城林先生曰、天惟其虛也、故普萬物而無心為聖人惟其虛也、故周萬物而不滯為、四書標摘

東城林先生曰、心惟其虛也、故能而敬、而信、以宰宇內、心惟其虛也、故能立德、立言、以教萬世、心惟其虛也、故能合德於天地、合明於日月、合序於四時、合吉凶於鬼神、心惟其虛也、故能盡己之性、盡人之性、盡物之性、參天地、贊化育、仝上

塘南王先生諱時槐、字子植、明人、曰、此理至大而至約、惟虛而生三字盡之、其虛也、包六合以無外、而無虛之相也、其生也、徹萬古以不息、而無生之迹、只此謂之本心、時時刻刻、還他本來、即謂之學、學案

塘南王先生曰、太虛之中、萬古一息、綿綿不絕、原無應感、與不應感之分、識得此理、雖瞋目獨坐、亦應

感也、時時應感、即時時是動也、常動即常靜也、一切有相、即是無相、山河大地、草木叢林、皆無相也、真性本無杳冥、時時呈露、即有相也、相與無相、了不可得、言思路絕、強名之曰本心、仝上

塘南王先生曰、性不容言、知者性之靈也、知非識察照了分別之謂也、是性之虛圓瑩徹、清通淨妙、不落有無、能為天地萬物之根、彌六合、亘萬古、而炳然獨存者、性不可得而分合增減也、而聖凡與禽獸草木異者、性在明與蔽耳、是故學莫大於致知、

仝上

塘南王先生曰、心廓然如太虛、無有邊際、日用云為、酬酢萬事、皆太虛變化也、非以內心而應外事也、若誤認以內心應外事、則心事相對成敵、而牽引梏亾之害乘之矣。仝上

塘南王先生曰、性本無欲、惟不悟自性而貪外境、斯為欲矣、善學者深達自性無欲之體、本無一物、如太虛然、浮雲往來、太虛固不受也、所謂明得盡、渣滓便渾化、是矣。仝上

海門周先生諱汝登、字繼元、明人、曰、說心如太虛、說無一物可著、說不雜氣質、不落知見、已是斯旨矣、而卒不放捨一善字、則又不虛矣、又著一物矣、又雜氣質、又落知見矣、豈不悖乎、太虛之心、無一物可著者、正是天下之大本、而更曰實有所以為天下之大本者在、而命之曰中、則是中與太虛之心、二也、太虛之心與未發之中、果可二乎、如此言中、則曰極、曰善、曰誠、以至曰仁、曰義、曰禮、曰智、曰信等、皆以為更有一物、而不與太虛同體、無惑乎、無善無惡之

旨、不相入、以此言天地、是為物不貳、失其主矣。仝上

京山郝先生曰、太虛生天地、天地生四時、此八卦所由出也、原无配畫之法、邵堯夫臆作耳。易正解

京山郝先生曰、一點虛靈、內照自然、渣滓銷鎔、以是益信人性本善、若非性善、何以性現衆欲便消、今人疑性有不善、蓋認情識為元神耳、不是性之本體、何嫌乎不善。仝上

京山郝先生曰、心所以大者、以其虛也、若滯在一處、只與司視司聽者無別、有礙則小、無礙則大。仝上

忠憲高先生諱攀龍、字存之、號景逸、曰、人心一片太虛、是廣運處、此體一顯即顯、無漸次可待、徹此則為明心、一點至善、是真宰處、此體愈窮愈微、有層級可言、徹此方為知性、或曰、至善是現成天則、有何層級、曰、所謂層級、就人見處言、身到此處、見到此處、進一層又一層、見到天然停停當當處、方是天則、此即窮理之謂也、或曰、虛到極處、便見至善、豈虛是虛、善是善、曰、只看人入處何如、從窮理入者、即虛是理、虛是知覺、便是仁義禮智、不從窮理入者、即氣

理入者之辨、則程朱陸王之會、藤樹可劉念臺各歸乎太虛之靈則一也、

是虛、仁義禮智、只是虛靈、智覺緣心性、非一非二、只在毫芒眇忽間故也、學案

忠憲高先生曰、天地間渾然一氣而已、張子所謂虛空即氣是也、此是至虛至靈有條有理的、以其至虛至靈、在人即為心、以其有條有理、在人即為性、澄之則清、便為理、淆之則濁、便為欲、理是存主於中、欲是梏亡於外、如何能澄之使清、一是天道自然之養、夜氣是也、一是人道當然之養、操存是也、仝上

少墟馮先生諱從吾、字仲好、明人、曰、人心至虛、衆理咸備、去過理說心、便是人心惟危之心、即有智覺、是告子智覺運動之覺、佛氏圓覺大覺之覺、非吾儒先知先覺之覺也、覺之一字、亦不可不辨、智覺的是天理、便是道心、智覺的是人欲、便是人心、非槩以知覺為天理為道心也、若丢過理字說心說知、便是異端、仝上

少墟馮先生曰、問人心至虛、不容一物、理在何處安得不說理障、曰、人心至虛、不容一物處就是理、異端之所謂理、誤指物而言、吾儒之所謂理、正指不容一物者而言耳、仝上

南皐鄒先生諱元標、字爾瞻、明人、曰、問心如何為盡、曰、盡者、水窮山盡之謂、人心原是太虛、若有個心則不能盡矣、仝上

南皐鄒先生曰、天地萬物皆生於無、而歸於無、一切蠢動含靈之物、未不知其所自去、不知其所往、故其體本空、我輩學問、切不可向形器上布置、一時妍好、終屬枯落、雖然空非斷滅之謂也、浮雲而作蒼狗白衣、皆空中之變幻、所必有者、吾惟信其空空之體、而不為變幻所轉、是以天地在我、萬化生身、今有一種議論、只是享用現在、纔說克治防簡、便云紐揑造作、日用穿衣喫飯、即同聖人妙用、我竊以為不然、夫聖凡之別也、豈止千里、仝上

南皐鄒先生曰、吾輩在此一堂講學、所親就者大人、不虛心受益、却是狎大人、所講究者聖言、不虛心體貼、却是侮聖言、記得少年時在青原、一友將四書諸論、互相比擬、一先正答曰、總只是非禮之言、

追記 後素有詩曰、口吐太虛容世界、太虛入口也無、心與太虛一物、人能盡道豈推今、

全上

念臺劉先生曰、人心徑寸耳、而空中四達、有太虛之象、虛故生靈、靈生覺、覺有主、是曰意、此天命之體、而性道教所從出也、全上

念臺劉先生曰、鐘虛則鳴、叩之以大則大鳴、叩之以小則小鳴、以為別有一物主所以鳴者非也、盈天地間道理不過如此、正為虛而能應之理、物物皆然、非鐘所得而私也、此可以明性體矣、全上

石齋黃先生（諱道周、字如元、明人）曰、約到不二、約到不遷、便把一生博文工夫、納於無文上去、吾輩過失不多、只在浩博一路、收拾不下、如實見貳遷、卓可藏神立命、雖百國寶書、九千絃誦、何能淬人見聞、顏子屢空、又問為邦、直要何物、夫子無知、說出夏時四事、溢倚二端、直是何故、以此認聖賢實有不空不竭所在、纔有學論、默識來往路頭、譬如虛寂不動、感而遂通、又有應問如響、疊疊變化、豈可說天生神物、亦有虛間不干人事耶、易本虛寂、說出吉凶同患、孔顏禹稷本是空洞、說出飢溺由己、此是空中

所藏、竭復歸空、（榕壇問業）

石齋黃先生曰、命中不著一物、本來自足、初無空殖可言、無空殖、故無得失、無得失、故無億無忌、只是清虛澹薄、則與命較親、卜度經營、則與貨較親耳、世人言命、都在得失一邊、所以有殖有億、有氣數人事之差、哲人言命、在清虛一邊、所以無殖無億、無得失當否之慮、日往月來、寒往暑來、明推歲成、此即見天之命、全上

約齋貴先生（諱緯祹、清人）曰、盈天地皆形色、故盈天地皆

道、吾人一身皆形色、故一身皆道、道克周于一身、斯充周于天地、人以虛空中為虛空、不知虛空中純是一點元氣相蟠結、故天命之性落在氣質中、而氣質中天命依然在內、是以論氣不論性、無以見生質之同、論性不論氣、無以見生質之異、異者貴爻之使同、知須崇、禮須卑、崇必效天、卑必法地、直從知行造到易簡、始完盡性工夫、與天地同其分量矣、（聖宗集要）

約齋貴先生曰、周子無欲主靜、程朱居敬窮理、張子

以禮為教、不言理而言禮者、理虛而禮實也、儒道
宗旨、就世間綱紀倫物上著脚、故由禮入、最為切
要、即約禮復禮的傳也、是居敬窮理、確有憑據處、
從此下手、到得動容周旋中禮時、便是毋不敬、毋
不靜矣、故濂洛關閩、名雖異而實則同、仝上
約齋費先生曰、唐一菴曰、分而言之、謂天與道、性與
心、其實只是一理、蓋以人之所以為人、主之以心、
而本之於性、性蔽則心不盡、心不盡則學非其學、
故心之所以為心者性也、性之本體自然而無聲

無臭者、天也、故曰太虛、性之生生而不已者、道也、
故曰氣化、非有二也、故君子之學、以盡心為實功、
以知性為實地、不知性之所從来、是義外之徒也、
不知性之所必至、是幻妄之徒也、不知性之所從
来、即其所必至、是支離之徒也、皆不足以言心學、
仝上
約齋費先生曰、動中驗靜極、是孔子告問仁曰、主敬
行恕、曰居處恭、執事敬、與人忠、曰事其大夫之賢
者、友其士之仁者、皆令就應事接物處省察磨練、

猪飼敬所按、更無戚戚之懷也、無憧憧之擾、

惟顏子資最高、學又到、乃擧本原告之曰、克己復
禮、而其目亦只在視聽言動上、並無耽玄守寂之
學、學者誠由事為之著、以究夫念慮之微、由率履
之常、以及夫毀譽得失死生之大、逐一檢察、而一
毫物欲、不能伏藏、磨練深至、而一切事變、不能摧
挫、不求靜而自靜矣、然虛之一字、又最喫緊、學者
用功辛苦、不能擺脫、反成障礙、若能反轉頭来、將
一切都且放下、到得胸無一物、如明鏡、如止水、更
無戚戚之懷也、無憧憧之擾、此卻是虛上用功了、

猪飼敬所按、[illegible]義到則虛極也、猪飼敬所按、[illegible]

吾豈有其體既虛、而其用不靈者哉、薛文清曰、萬
物不能礙天之大、萬理不能礙心之虛、確是成始
成終之道也、仝上
約齋費先生曰、太虛無物、惟其無物、故能體物不遺、
人受英華以生、全得太虛之妙、故耳目口鼻皆以
虛為用、況心為衆形之主、萬理之府乎、學者艱到
虛極、纔復得心之本體、所以心體着不得一物、不
惟惡念、雖為善竟見也容不得、後世節義文章政
事言語之徒、縦一時好看、胸中已被閡礙、有愧太

追記 後素[illegible]

虛之本體、做得悠事、况以血氣冒為節義、浮辭冒
為文章、權術冒為政事、便佞冒為言語、又相倍蓰
而無筭者乎、虛為靜之本色、非功夫渾然渣滓盡
化、不能有此見解也、故立業建功、事々要從實地
着脚、若小慕聲聞、便成襲取、講道修德、念念要從
虛處立基、若稍計功效、便落塵情、全上
約齋費先生曰、虛之一字、不特學問履境亦宜、昔龍
子言己疾曰、吾鄉譽不以為榮、國毀不以為辱、得
而不喜、失而不憂、視生如死、視富如貧、視人如我、

視我如人、處吾之家如逆旅之舍、視吾之鄉如山
水之濱、凡此衆疾、爵賞不能勸、刑罰不能威、利害
不能易、哀樂不能移、奚方能已之乎、文摯曰、吾見
子之心虛也、幾聖人已、豈淺術所能已乎、是則虛
誠靜之本色哉、全上

右卷上下所載空虛之註釋論說、於儒門實百
分之一焉耳、豈足曰聚語哉、然提其要、則亦不
出於此、而歸乎太虛之訣、只去有我之私而已、

去有我之私之功、在格致誠正修也、是故不下
格致誠正脩之實功、則決不能窺其髣髴、而自
以為窺髣髴者、必陷於佛之枯寂斷滅矣、是以
猶有嫌其高大之類佛以議之者焉、殊不知非
是太虛之罪、而學者之誤耳、又不知佛氏所為
道之善也者、皆本吾儒之道、而彼剽竊以為其
有也、嗚呼、儒者不有恢復之之志、而只守一隅
徧小、既自古而然矣、不思之甚者也、不是乎一
家之說、斯義也、嘗發端於楊龜山先生、而王龍

溪先生演其師說以闡明之、而遂落成于郝京
山先生、故令以三先生之說、寘諸末尾以代跋、
覽者觀之、解其惑而可、

後素 識

龜山先生曰、儒佛深處、所差杪忽耳、見儒者之道分
明、則佛在其下矣、今學之徒曰、儒者之道在其下、
是不見吾道之大也、為佛者既不讀儒書、或讀之
而不深究其義、為儒者又自小也、然則道何由明
哉、楊子全集

猪飼翁按識吾儒不悟、

龍溪先生曰、友人問、佛氏雖不免有偏、然論心性甚精妙、乃是形而上一截理、吾人叙正人倫、未免連形而下發揮、然心性之學沈埋既久、一時難爲超脫、借路悟入、未必非此學之助、先生曰、此說似是而實非、本無上下兩截之分、吾儒未嘗不說虛、不說寂、不說微、不說密、此是千聖相傳之秘藏、從此悟入、乃是範圍三教之宗、自聖學不明、後儒反將千聖精義、讓與佛氏、纔涉空寂、便以爲異學、不肯承當、不知佛氏所說、本是吾儒大路、反欲借路而入、亦可哀也、夫仙佛二氏皆是出世之學、佛氏雖後世始入中國、唐虞之時、所謂巢許之流、即其宗派、唐虞之時、聖學明、巢許在山中、如木石一般、任其自生自化、乃是堯舜一體中所粮之物、蓋世間自有一種清虛恬淡不耐事之人、雖堯舜亦不以相強、只因聖學不明、漢之儒者、強說道理、泥於形名格式、執爲典要、失其變動周流之性體、反被二氏點檢訾議、敢於主張做大、吾儒不悟本來自有家當、反甘心讓之、尤可哀也已、先師嘗有屋舍三

間之喻、唐虞之時、此三間屋舍、原是本有家當、巢許輩皆其守舍之人、及至後世、聖學做主不起、僅守其中一間、將左右兩間、甘心讓與二氏、及吾儒之學日衰、二氏之學日熾、甘心自謂不如、反欲假借存活、洎其後來、連其中一間、岌岌乎有不能自存之勢、反將從而歸依之、漸至失其家業而不自覺、吾儒今日之事、何以異此、間有豪傑之士、不忍甘心於自失、欲行主張正學、以排斥二氏爲己任、不能探本入微、務於內修、徒欲號召名義、以氣魄勝之、祇足以增二氏檢議耳、先師良知之學、乃三教之靈樞、於此悟入、不以一毫知識參乎其間、彼將帖然歸化、所謂經正而邪慝自無、非可以口舌爭也、（王龍溪先生全集）

京山先生曰、道一而已、自伏羲作易、堯舜授中、斯文既啓、列聖相承、至夫子刪定六籍、纘集大成、上下數千年間、宇宙名理精義、豈復有闡繹未盡留之以待二氏者乎、佛氏當吾夫子沒後千有餘年、其教始入中國、其言語侏離不可通、而中國學士爲

其徒者、私取吾聖人文字義理、為之譯說、如所謂妙明寶明、是吾聖人之明德也、智慧、是聖人之致知也、圓覺、是聖人之圓神也、禪定、是聖人之定靜也、止觀、是聖人之知止也、不二、是聖人之一貫也、大千、是聖人之大極也、慈悲、是聖人之仁也、空即聖人之屢空也、色即聖人之形色也、觀自在、是聖人之自得也、極樂、是聖人之悅樂也、淨土、是聖人之安土也、無煩惱、是聖人之不慍也、無罣礙、是聖人之無欲也、無相、是聖人之大公也、真如、是聖人

之天性也、不思議、是聖人之無言也、法無法、是聖人之無知也、無法法、是聖人之無隱也、陰根塵界、是聖人之視聽言動身心意知也、無量法身、是聖人之萬物皆備也、所謂生死輪廻、是聖人之屈伸往來、地獄幽怪、是聖人之鬼神、天下之理、無遍聖人所已言、彼即立異、豈容別構、而其所謂寶明、知慧、圓覺、禪定等文字、非彼異域所自有之文字也、其義理、非彼異域所自有之義理也、其精者、不出六籍之所已言、其粗鄙誕妄者、道所不載也、彼欲

竊吾道之精、以飾其粗、而世之愚夫、因其粗、以信其精之果為彼有也、故其勢漸與吾聖人抗、而為吾聖人之徒者、惡其抗而不欲與之爭、遂憤然一切割吾所本有者棄之、別為一種踽踽凉凉孤潔之學、求以隔彼于藩籬之外、不知適以成彼之大、而自蹙其方宇耳、故愚嘗謂儒者割吾聖道、奉彼二氏、彼如僑居寄生、吾以地主宗盟、望塵左避、却車讓路、是二氏之害道、非獨二氏之罪、儒者解四書、別為一等拘絜之譚、擇二氏所不言者、然後言、

吁、亦陋矣、吾自奉吾聖人之訓、於彼何預吾聖人之教明、而彼欲不出吾宇下、不可得已、郝氏談經

儒門空虛聚語卷下終

洗心洞劄記

精義堂藏板

劄記自述

余辭職家居。靜閑無事。從取嘗所讀之古本大學講究之。粗窺得其誠意致知本旨之一斑焉。乃覚其微異乎舊說矣。間竊輯錄儒先之說以

釋是經。因名曰古本大學劄記。秘焉而未敢傳諸我社子弟。況從事於此與斯編摩之勞者。請余曰。對之剞劂以惠世之同志。此幸甚。余乃辭曰。何敢何敢。夫自註經固難矣。折衷諸說以

釋之尤難也。自非明隆博雅之君子。則必有違漏贅疣之誤。故不釋而可矣。而猶釋之。不可不釋者而反不釋之。而不足所採。或有與經牴牾。諸說淆如。從解者。則不獨賊經。終至於併

貽儒先解經之累也。余所輯錄者。恐當有斯罪矣。故若以此傳乎世。則為毀于讒譏超矣。集此得無爲乎。於是悔示既晚矣。故與梓而悔。曰如不梓而無悔也。昔者伊川程子此其

中庸自註。朱子其死前旬猶改之。本大學誠意章。而陽明先生雖肯其五經臆說。今傳乎世者其十三條。與自敘僅見之選文中焉耳。如全文此先生既自謂付秦火久矣。註經之

難。在大賢猶若此。況吾輩折衷諸說以釋之乎。必不免向者所謂之罪。斷可知矣。故何敢付剞劂為。若夫有志于斯學者。寫以閱可也。而猶無已則其唯劄記乎。余劄記者備

徵河東讀書錄。寧陵呻吟語。及寒松堂庸言等。無有自之所觸。必之以得。筆之以自警。又以助教子弟之憤悱已矣。授子弟爲省轉寫之勞。謀上諸梓。藏于家塾。而不公於世。則

安乃不許之哉。請者曰。諾。舍彼擇此。將從教矣。雖然將來恐漏出於世。則有毀于謗。必然甚乎彼矣。因以先生論學有不悖於人情者五焉。一曰太虛。二曰致良知。三曰變化氣質。四曰一

死生。五曰去虛僞。夫太極以釋
老。致良知叛朱學。象代兼賢
客氣腹心者之所難。一死生。凡
庸怯惰弊之所忌。而虛僞見
中人以下拊无指之安緣。機和於
其血肉。闇若解矣。故無不遂云

豈。致免於世之惡得乎。且毀千
謗。此甚乎彼之云以此也。先生
宜三思焉。余對曰。誠哉〻〻吾子
當以此五者爲先賢之成說乎。
又謂余之創說耶。我之創說也
宜有後慮也。先賢之成說而吾

物叢擇之爲耳。則又何足患哉。
況此非如別同釋一經之諸是。
以未嘗有賊經無貽儒先解
經之愚之罪也。要一家言也矣。
故縱百毀千謗。蔑於余。余亦以
避。必爲益於余者矣。世之數余

良師友。莫過於其百毀千謗。是
余望乎人也。尚矣子等決擇之。
於是余社之二三子。指資遂刻
諸家塾。畢工竣。因題于簡端。
說其所以舍彼擇此之由。而卷
分上下二編云。

天保四癸巳夏四月大塩後素
書于洗心洞無人叓

後自述

道之大原出於天。而由知德者鮮矣。則道德乃為聖學之極致。而天之太虛又為其原本。居可知也。然而中人已下。非有教。則不能窺其極致原本。故孔門其教有四。曰文行忠信。其則乃詩書執禮。詩書執禮中有所以為文行忠信之目焉。而要各從其性所近而入。先儒之所謂理只一件。人之根器不齊。宜從知識處入。則教以文。宜從踐履處入。則教以行。宜從盡已處入。則教以忠。宜從孚物處入。則教以信。猶造化之甄陶萬類。而隨物賦形云。因吾以為文便是道德太虛之華也。行便是道德太虛之實也。忠與信便是道德太虛之質也。而道德太虛乃化為詩書執禮也。故非離道德太虛而別有文行忠信也。故又非離道德太虛而別有詩書執禮也。然而雖聖人一落言詮。則其弊必生焉。故後之浮文而無實者。假是文以為口實矣。冥行而不著者。假是行以為口實矣。忠信而不好學者。假是忠信以為口實矣。而詩書執禮亦各有弊矣。其至於是。而道德太虛之微。乃隱。而聖人之意亦荒矣。夫聖

人固知其弊盛乎將來矣。故曰。文勝質則史。文莫吾猶人也。躬行君子。則吾未之有得。是乃豫防其浮文之弊也。曰蓋有不知而作之者。我無是也。是乃豫防冥行之弊也。曰十室之邑。必有忠信如丘者焉。不如丘之好學也。是乃豫防忠信而不好學者之弊也。而詩書執禮之弊。亦見乎戴記經解焉。吾故曰。雖聖人一

落言詮。則其弊必生焉。以此也。嗚呼。總之雖忠信人。然不好學。則庶乎潰決孔子之坊。而況浮文冥行人乎。況徒學詩書執禮者乎。而其好學二字。一則孔子自言。一則稱顏子以之。而未嘗許之其餘人。則其重可知矣。是故人雖奉遵孔門之四教。以從事詩書執禮。然不知其好學之訣。則將從其性所近而入。而却

偏乎其性所近。以不得窺道德太虛之微。遂墜乎浮文冥行忠信而不好學之窠臼。而一生不能出頭跳身。古往今來。其人不堪數。是豈不可惜矣乎。故後進者。不可不知好學之訣也。而訣者何也。孔子空空。顏子屢空。是焉而已矣。而其工則有不善。未嘗不知。知之。未嘗復行也。之外更無別工也。是即孔子所謂致

知也。慎獨也。而雖中人已下。好學如好
好色。實心為己。則必眞覺其道德亦出
於天之太虛。而事事致其知。則意必固
我忿懥恐懼好樂憂患等之諸翳。雲散
烱消。而見天之太虛果在於吾方寸間
矣。是似難而非難。故孔子曰。仁遠乎哉。
我欲仁斯仁至矣。又曰有能一日用其
力於仁矣乎。我未見力不足者。夫仁自

虛生。故仁即虛。虛即仁。固非有二也。故
今舉太虛。則仁在其中矣。如夫文行忠
信。及詩書執禮。要皆亦歸乎太虛之途
逕階梯也。爾予之不肖。奚足實得之。然
向在仕路。於聽訟斷獄之間。一二發明
虛景來。故曾所藏刻之洗心洞劄記。解
太虛之妙。與所以歸乎太虛之工。不堪
煩數。而反論及五倫亦罕何。此則以備

乎篤信四教及詩書諸儒之說故也。然
五倫非太虛。則皆僞而已。太虛矣。則五
倫各得其正。而道德貫其中。嘗竊質諸
董子諸葛公等之群賢。雖其說如有小
異。其於尊天也皆一也。故取其要語以
載于卷末。乃明乎非臆斷之說也。而始
其刻之成也。授諸弟子。又以贈有志之
人耳。而不敢欲公諸世也。頃者書肆積

玉圃來曰。世既知有洗心洞劄記。故間
有就書肆以要購求之者。願公諸世。不
獨書肆得利。學人亦當必大有益。予因
再思之。其示乎世。固非素志矣。然不示
乎世。則其所及者自不廣。所及不廣。則
不覺道德太虛之微而終者。亦自不少
也歟。同胞而忍坐視之哉。於是幡然改
而出藏刻之板以與之。而又謂之曰。汝

等隨意以售於購之者。如有獲利。以其利乃別鋟刻舶來聖賢之書。却復嘉惠吾輩。則其得益也。踰乎財貨萬倍。
天保六乙未夏四月復題于洗心洞

門生白井爲本謹書

劄記或問 二條

或問曰、陽明子至李見羅諸子、論學則只明道而已、未嘗自言事功、而又不許人稱之、然看子劄記、於其上卷終也、雜舉王學諸子之功業節義何也、曰、子未知夫春秋冬夏乎、春者生物、秋者成物、冬者收物、夏者長物、如春而不生物、秋而不成物、冬而不收物、夏而不長物、則雖天德不足貴也已矣、人即天也、學也者、學天德也、明道也者、明天道也、是故論學明道、而無其用者、乃與天背、與天盲、則陷一偏、所謂異端之教、而聖人明體適用之學云乎哉、載籍浩瀚、後生未識鄒東廓爲何如人、歐陽南野羅念菴亦爲何如人者多矣、故雜舉其功業節義出于道德者、以示之焉耳、而又何外學與道、以語功業節義之類也哉、是余不得已之苦心也、吾子亮之、

或問曰、看子劄記下卷終、則舉董子已下諸賢之說、或以按語、或以辨說、而世代叙次、源流傳來、如不紊者、然則庶乎安排布置、而似非劄記目録之體何也、曰、吾嘗讀諸賢之書、則後先錯雜、彼此參伍、固不有一定、吾何不與人同也、然輩

之、則董子而諸葛武侯、而文中子以終于湯子、業使然也、故庶乎安排布置、而非有意乎安排布置也、然人不信而謂之安排布置、又奚爲劄記之累哉、論語第二十、歷舉堯舜湯武以結焉、孟子七篇之終、亦歷舉堯舜至孔子之聖人以結焉、則余劄記不與之期、而乃入其規矩、而適免於清儒張伯行性理正宗、舉堯舜及伊洛諸君子等于首、置性理字義于腹、貶陸王于尾杜撰臆斷之怪陋、則余之喜幸莫加焉、吾子少恕、

洗心洞主人識

松本乾知謹書

洗心洞劄記上

中齋先生著　門人　松本乾知　點

松浦誠之

但馬守約　校

天不特在上蒼蒼太虛已也、雖石間虛、竹中虛、亦天也、況老子所云谷神乎、谷神者、人心也、故人心之妙與天同、於聖人可驗矣、常人則失虛、焉足語之哉、

軀殼外之虛、便是天也、天者、吾心也、心葆含萬有、於是焉可悟矣、故有血氣者至草木瓦石、視其死、視其摧折、視其毀壞、則令感傷吾心、以本爲心中物故也、若先有慾而塞心、則心非虛、非虛則頑然一小物、而非天體也、便與骨肉既分隔了、何況其他耶、名之以小人、不亦理乎、

本諸身、徵諸庶民、考諸三王而不繆、建諸天地而不悖、質諸鬼神而無疑、百世以俟聖人而不惑、人一言一動、必如此而後心性晶亮虛

大、與天地日月一般、若從私情任我意以言動、則雖胸富萬卷、要書庫而已、不足貴也、

身體髮膚、受之父母、不敢毀傷、孝之始也、吾惟心之德、受之於天、不敢毀傷其德、孝之要也、

身外之虛者、即吾心之本體也、故曰、語大天下莫能載焉、

自形而言、則身裏心、心在身內焉、自道而觀、則心裏身、身在心內焉、其謂心在身內者、一遺操存之功、則物累我、其覺身在心內者、常得超脫之妙、而我役物、役物與累於物之別、學者宜知之、

顏子屢空、心屢歸乎太虛、而猶有一息、聖人則徹始徹終、一太虛而已矣、

日用應酬之間、仁義禮智信五者缺一焉、則非人言人行也、非人言人行、則宜乎、攻於人、又攻人、

英傑當大事、固忘禍福生死、而事適成、則亦或惑禍福生死矣、至學問精熟之君子、則一也、繫乎物者、常而動、況逢變乎、安乎地者、雖逢變不動、況常乎、是故於所止、不可以不知止也、

救人厄難時、驗吾靈淵一波動否、一波纔動、則既有情慾在焉、非天體也、非天體、則不如不救之為愈、

潤之以風雨、故品物資其潤澤而生長、然人撤壁去屋、露坐露寢、則必為之所傷、而病不死者鮮、讀書亦然、書固入道之具也、然不知要而泛觀博覽、則德壞而惡殖、吁、亦敗己亂世、可不慎哉、

熟睡夢中、雜亂穢濁、乃覺時作止語默自欺獨知之影焉耳、而到於誠不欺獨知之境、則至人、故曰至人無夢、非無夢、無夫雜亂穢濁之夢也、如夢傅說夢周公、則非至人亦無此矣、

人心歸乎太虛、亦自慎獨克己而入焉、如不自慎獨克己而入、則禪學虛妄、所謂毫釐千里、故心學者動誤之也、

慎獨克己、雖如無兩功、易三百八十四爻、便是

屬慎獨之工、禮三百三千、便是屬克己之工、然而眞慎獨則克己了、實克己則慎獨了、始無兩功、故三百八十四爻、禮之體也、三百三千、易之用也、體用一源、皆原扵道也、夫道也者、太虛而已矣、故學而歸乎太虛、則人能事畢矣、

常人方寸之虛、與聖人方寸之虛同一虛、而氣質則清濁昏明不可同年而語也、猶如貧人室中之虛、與貴人室中之虛同一虛、而四面牆壁、上下屋牀、則美惡精粗之不同也、而方寸之虛者、便是太虛之虛、而太虛之虛、便是方寸之虛也、本無二矣、畢竟氣質牆壁之也、故人學而變化氣質、則與聖人同者宛然徧布照耀焉、無不包涵、無不貫徹、嗚呼、不變化氣質、而從事于學者、其所學將何事、可謂陋矣、

湯之夏臺、文之羑里、及文丞相之土室、繹其所以皆裕如晏如、與平生不異之道、非他、其囹圄容身之虛乃太虛之虛、而居其宮室窓牖之內亦無以異、故不狹又不陋、不憂又不懼、是其裕如晏如之所由然也、而要在扵不失其心之虛也、人如不失吾心之虛、則何往而不廣大、何居而不安樂、而又何狹陋之有、何憂懼之為、

孟子萬物皆備扵我之說、不心歸乎太虛者、安兮明通其義哉、

無求生以害仁、夫生有滅、仁太虛之德、而萬古不滅者也、舍萬古不滅者、而守有滅者惑也、故志士仁人、舍彼取此、誠有理哉、非常人所知也、

心不歸乎太虛則必有物、有物而謂不動者、便是告子强制之道、而非孟子之所云也、孟子之不動、以即太虛也、入火不熱、入水不濡、何況區區富貴貧賤而足動之乎、

心不歸乎太虛必動矣、何則有形者、雖凌雲之喬嶽、無底之大海、必動搖扵地震也、而地震

不能動太虛焉、故心歸乎太虛、而始可語不動也已矣、

余見一諸生臨鏡理髮、因謂之曰、與臨明鏡苦照鬢髮之鬆不鬆、不如明良知切察意念之誠不誠、鬢髮雖鬆、不害為君子、意念不誠、則不害為禽獸也、

程子曰、有關雎麟趾之意、然後可行周官之制度、此特知恐不善讀周官者之懲世、而似未明其制度之以修君德為本也、而推其說于後世、則猶俟河清然、故以吾論之、不必本周官之制度、以立法導君、則關雎麟趾之德、蓋難成矣、

勇士養氣而不明理、儒者明理而不養氣、常人則亦不養氣亦不明理、榮辱禍福、惟是趨避而已矣、理氣合一、與天地同德、陰陽同功者、其惟聖賢乎、

血氣之氣、血盛則亦盛、血衰則亦衰、故不足恃、浩然之氣則不因血盛衰以為盛衰、而常充塞身心、至死不衰不變、如曾子易簀子路結纓之類是也、自非積集義之功而慊于心者、不能得之、

血氣隨死而腐壞散滅、如夫浩氣、不隨死而腐壞散滅、聖賢俊傑之道德功烈、赫然乎宇宙、經年益光輝焉、此何物、即是浩然之氣也、於

凡庸決無之、血肉漢不可不憤悱也、荏苒與歲俱逝、不遠虫蟻草木朽腐幾希、非大哀耶、非大恨耶、思之勤一字、豈容忽乎哉、

昔人有言、貨色功利之習、淪肌浹髓、此語警人尤深矣、味淪字浹字、稟生之時、既淪浹了吾體、亦非外鑠者、故欲盡孝于父母者、非致良知以洗肌之淪滌髓之浹、則往往必貽父母之羞矣、雖貽父母之羞、則能養其口體服其勞、猶謂之不孝而可也、

知其力量、而不知其知量、世之通患也、若復知其知量、如知其力量、則遜讓之風起焉、而何忌才嫉能之有、

枝葉萎而根猶存元氣焉、則有甦之理矣、根既
蠹而枝葉猶生者、則必無甦之理也、然而昧
者修飾其枝葉、以望其盛茂、此可笑、亦可自
警、

指仁曰這裏具枝葉花實、則人必不信焉、指卵
曰這裏具羽冠嘴距、則人必不信焉、而又指
大樹曰、是衆初之仁精、透徹其本末而不遺
者也、人亦疑焉、指老雞曰、是衆初之卵精、融
洽其首尾而不遺者也、人亦疑焉、以是可喩

中人以下不可語上之旨也、

心體虛靈而已矣、惡固無、雖善不可有、如先有
善而塞焉、則神明終不能為用也、宰我禮樂
之念、常在於心、此乃善而非惡也、然欲短父
母之喪、則於不安事忍以安焉、而不自知不
仁之罪斥於聖師也、其塞於善之害即如此、
況惡乎、陽明先生曰、無善無惡、心之體、以此
故也、非拘迂者之所能知也、而譊譊試議之
何也、

寸魚之口腮鬐鱗潛躍、與大鯉齊焉、小花為萼
為蕊、為片為香、猶有類於牡丹、識者於此當
知語小天下莫能破焉之精微矣、故三千之
儀、一不可缺者也、聖人與天地合德、於鄉黨
之細微尤可見矣、

知是知非、知善知惡、是乃良知之照、而非良知
之體也、陽明先生特為有意欲者權言之也、

以燈燭喩良知似矣、而燈燭有起滅、良知無起
滅也、以日月喩良知近矣、而日月有晦蝕、良

知無晦蝕也、然則以何喩之、無喩者、夫良知
只是太虛靈明而已矣、然而有時以燈燭喩
之、亦無不可、有時以日月喩之、亦無不可、開
導教誨於中人以下之方法、不可以不如此
也、如直以太虛靈明說之、則與魏文侯聽古
樂同矣、唯恐臥、唯恐臥故不能入耳存心也、
其極至於世無善人、為人師者、宜用心於教
法矣、

拘而謂心在身內者、十目十指之義、一生不能

了之、悟而識身在心內者、意欲機動時、非特十目十指焉、蓋以為天下之所視指、何者、以身外之虛皆吾心、而萬物往来起伏之地故也、

功名富貴、錦覆陥阱也、心虛則能見以避之、不虛則視而不見、踏而死者不少矣、嗚呼、虛哉虛哉、

春夏秋冬、自太虛来、以終始萬物、而循環不息、毫無跡也、仁義禮智與此一般、故心虛則謂

之天、非大言也、

閼眼俯仰天地以觀之、則壤石即吾肉骨、草木即吾毛髮、雨水川流、即吾膏血精液、雲煙風籟、即吾呼吸吹噓、日月星辰之光、即吾兩眼之光、春夏秋冬之運、即吾五常之運、而太虛即吾心之蘊也、嗚呼、人七尺之軀、而與天地齊乃如此、三才之稱、豈徒然哉、宜變化氣質、以復太虛之體也、

孔子自稱素王則不可、而後人稱素王則無不可也、左丘明自稱素臣則不可、而後人稱素臣則無不可也、春秋之經、三代之典刑、而黜陟善悪之繩尺也、左氏之傳、上下之行迹、而照燭妖魔之業鏡也、只其繩尺也、治萬世天下焉、非素王而何、只其業鏡也、公當時邪正焉、非素臣而何、且如無傳、則自天子諸侯至士大夫、邪心醜態、庶乎澌滅無聞矣、然則妖魔各逃照、而来世之人亦不知懲、故學者誠心讀其傳者、不得不起羞悪之心、然以邪心

俗慮讀之、則已反化妖魔、而業鏡為其所垢蝕、失左氏之本旨益遠矣、

四時成萬物者也、而至其極則愚不肖恨夏熱怨冬寒、甚於仇讐、而夏冬神固無心、而不肯顧其怨恨、直道以行焉、而成萬物也、君子之不容乎小人、於此乎可悟、然而君子只是行其道而已矣、烏奚伎倆之有、

心有意必固我則非虛、非虛而見四書五經、則一不可行焉者也、心無意必固我則歸乎虛、

歸乎虛而見、則一可行焉者也、是故心貴虛
也、
强為善者猶有之、自然為善者絶無、而非自然
為善者、難締真交矣、經事變而後知吾言之
非誣也、
陽明先生之致良知、為知而不行者發之也、是
救朱門末學之弊已矣、而不行而徒語良知、
則非但其學者責之、雖塗之人誠笑宜矣、
火自石出、不慎諸始、則延燒以燎屋、才自心出、

不慎諸微、則詐誕終亡德、
莊子未嘗毀春夏秋冬、以其自太虛出焉而不
偽也、而毀仁義禮智、以其不自太虛出焉而
不真也、雖其不自太虛出焉而不真、則仁義
禮智不足取、孟子貶五霸亦同一意、而豈可
概非莊說哉、此非平心而好學者、難與議之
也、
子曰、我未見剛者、剛卽地雷復之初爻也、或對
曰、申棖、子曰、棖也慾、焉得剛、慾卽天風姤之

初爻也、是故君子慎獨以變慾為剛、剛天德
也、歸乎天德、事父始孝矣、事君始忠矣、否則
不免偽孝偽忠之行也、
或曰、子動以心歸乎太虛為言、自張子正蒙来
否、曰、吾太虛之說、自致良知来、而不自正蒙
来矣、然不能遊於正蒙、學徒如信吾曰不能
遊於正蒙只讀正蒙、知太虛之說、則亦特解
得其言語而已、而必不能歸乎太虛也、故致
良知、其臻焉之道乎、

非積陽明先生所訓致良知之實功、則不可至
於橫渠先生所謂太虛之地位、故欲心歸乎
太虛者、宜致良知矣、不致良知而語太虛者、
必陷於釋老之學、可不恐哉、
吾以為常人熟睡時反生、而明覺時反死矣、何
者、熟睡時身雖如死、然心無一念矣、心無一
念則心德全焉、吾故以為反生、而明覺時身
固生活、而心起雜念矣、心起雜念則心德亡
焉、吾故以為反死、因思人學而不到覺時如

雖時無一念之地、則豈大學之定靜云乎哉、豈周子之無極而太極云乎哉、

常人動作云爲、只苟而已矣、臨財苟得、臨難苟免、苟營、苟笑、莫一不苟也、而常人有貌如君子遲重者、其於細故小變也、雖如不苟焉、臨利與害必露其態矣、是故君子敬以除其病、除其病、然後始免苟之輕浮歟、

穰苴斬後期寵臣、孫武斬背約愛姬、世以此爲二子之創意焉、决非二子之創意也、自周官

大司馬之法来、曰羣吏聽誓于陳前、斬牲以左右徇陳曰、不用命者斬之、又曰、及致建大常、比軍衆、誅後至者、二子真行斯事焉耳、春秋戰國閒之名將、皆明於成周軍制、非特二子也、然竝越誅最後者一人、此則必傚二子之顰者歟、

不心歸乎太虛、而議親故賢能功貴勤賓之辟、則必流於私、而有過不及矣、故周制自世子至公卿大夫士之子、皆早以三德成其性、盛其德、而心歸乎太虛、以服官政、故公正而無私、何議而不中節、不特小司寇之八辟而已、

以大學之致知爲致良知者、不自陽明先生始、特因先生震發雷轟也、程子曰、知者吾之所固有、然不致則不能得之、此豈非謂致良知乎、呂東萊先生曰、致知格物、修身之本也、知者、良知也、與堯舜同者也、理既窮則知自至、與堯舜同者忽然自見、默而識之、此豈非顯謂致良知乎、胡敬齋先生曰、心本有知、因氣

稟物欲昏蔽其良知、故須致知、此亦非顯謂致良知乎、而朱子曰、明德謂本有此明德也、孩提之童、無不知愛其親、及其長也、無不知敬其兄、其良知良能本自有之、只爲私欲所蔽、故暗而不明、所謂明明德者、求所以明之也、其所以明之者、非致良知而何、故朱子亦謂致良知也、吾故曰、不自陽明先生始、特因先生震發雷轟也、然世儒謾誹先生致良知之說、則非但誹先生而已、併誹程朱及呂胡

諸大儒也、聱聾之罪莫大焉、
或曰、於經明言虛、有乎、曰、有、大學曰、其心休休焉、其如有容焉、人之有技、若己有之、人之彥聖、其心好之、不啻若自其口出、寔能容之、此兩箇容字、心之量也、心之量、非太虛而何、中庸曰、語大天下莫能載焉、又曰、上天之載、無聲無臭至矣、其大也至也、此非太虛而何、孔子曰、君子不器、又曰、吾道一以貫之、子絕四、毋意、毋必、毋固、毋我、子曰、我有知乎哉、無知也、有鄙夫問於我、空空如也、我叩其兩端而竭焉、又曰、回乎其庶乎屢空、又曰、天何言哉、四時行焉、百物生焉、天何言哉、其不器也、一也、絕四也、空空也、屢空也、天何言也、此皆非太虛而何、孟子曰、我善養吾浩然之氣、其浩然也者、非太虛而何、而易書詩禮春秋亦及其至也、則皆不外於太虛之德也、易曰、太極、書曰、無偏無陂、遵王之義、無有作好、遵王之道、無有作惡、遵王之路、無偏無黨、王道蕩蕩、

無黨無偏、王道平平、無反無側、王道正直、會其有極、歸其有極、詩亦曰、上天之載、無聲無臭、禮曰、無聲之樂、無體之禮、春秋曰、春王元年、其太極也、有極也、無聲臭也、無聲體也、元也、此皆亦非太虛而何、此凡所舉經之明徵也、子猶疑之乎、嗚呼太虛之妙、不可言述者也、然而了理氣合一、則太虛亦惟理氣焉耳、如離理氣而言太虛者、非四書五經聖人之道也、學者宜知之、

胡廣曰、衣皮毛、事畜牧、蓄性所便、英雄之生、當王霸耳、何錦綺為、是言固壯矣、不以人廢言、學者師其意、咬菜根、明道理、人性所當為、丈夫之業、聖賢惟是期耳、何富貴利祿之羨、

不致良知、則仁決不熟也、

心歸乎虛、自誠意慎獨入焉、而意誠則無有所忿懥恐懼好樂憂患、故心歸乎虛、一有所則非虛、

不心歸乎太虛、而謂良知者、皆情識之知、而非

真良知也、真良知者、非他、太虛之靈而已矣、
非知道者、孰能悟之、
吾既辭職而甘隱、脫險而就安、宜高卧舍勞苦、以樂自性、然夙興夜寢、研經籍、授生徒者、何也、此不是好事、不是糊口、不為詩文、不為博識、又不欲大求聲譽、不欲再用於世、只拾得學而不厭誨人不倦之陳迹而已、世人莫惟又莫罪、嗚呼心歸乎太虛之願、則誰知之乎、我獨自知焉耳、

呂新吾先生曰、見利向前、見害退後、同功專美於已、同過委罪於人、此小人之恒態、而丈夫之恥行也、吾常誦之鞭惰心、見利不肯前、見害不肯退、同功則歸之乎人、同過則受之乎已、惟是勉以行之、猶恐類於彼、况悠悠虛度者、未必能免之也、
聽訟吾猶人也者、周官司寇所云、五聲以之聽獄訟、求民情、聖人與官吏之有才能者無異矣、而無情者、不得盡其辭、大畏民志者、民之

不仁者飾以仁、不敬者飾以敬、不孝者飾以孝、不慈者飾以慈、不信者飾以信、其餘不善也者、各飾以善、而民之仁者誣以不仁、敬者誣以不敬、孝者誣以不孝、慈者誣以不慈、信者誣以不信、其餘善也者、皆誣以不善、此即訟端之所由起也、故聖君誠意以明仁敬孝慈信之德而臨民焉、譬如懸明鏡應物來、物妍媸安逃其照、故民先感其心、不得訟以盡其虛誕之辭、令大畏其心志、而有恥且格、虞

芮之訟於文王、是其證也、而至如此則不仁者改為仁、不敬者改為敬、不孝不慈者改為孝慈、不信者改為信、而仁者不誣之、敬者不誣之、孝慈者不誣之、信者不誣之、而仁化興於下、此豈非聖君誠意之效乎、决非官吏所及也、是故雖齊治平、皆以誠意為本、故大學結上文數節、重曰此謂知本、其旨深矣哉、而謂釋本末、昔賢既駁之、其言是也、
孟子所謂志壹則動氣、氣壹則動志也、今夫蹶

者趨者是氣也而反動其心象山先生說之曰志壹動氣此不待論獨氣壹動志未能使人無疑孟子復以蹶趨動心明之即可以無疑矣壹者專一也志固為氣之帥然至於氣之專一則亦能動志也故不但言持其志又戒之以無暴其氣也居處飲食適節宣之宜視聽言動嚴邪正之辨皆無暴其氣之工也吾謂在學人無志氣夾持之工夫者不陷玄虛則必支離矣故用功當如此然成德君子

則氣一聽志而已又安氣動志之有何則蹶者以心不在焉故也如恭敬人則決無此蹶失况成德君子乎趨亦在常人則氣為其事故亦動志然大人君子在千軍萬馬中馳驟出入此皆趨也而本於理發於志以使其氣故無氣動志矣居處飲食視聽言動皆心適其節宣之宜嚴其邪正之辨即是虞廷精一之學也

先天者理焉耳而氣在其中矣後天者氣焉耳

而理在其中矣要理與氣一而二二而一者也非實知易者孰能見之也哉

聖賢之行權也濟仁義忠信之窮而仁義忠信待之以行于世則上下治矣奸惡之行權也為利己害人之私也而利己害人因之以施于世則風俗壞矣夫權一而善惡之相隔乃如此於周公王莽之事可見矣可不慎哉

反己問之獨知則未嘗有進取如狂者有所不為如狷者之志可謂恥矣而日讀書譚理究

竟終乎鄉愿而已矣

讀朱子書固無論矣陽明王子以前朱學諸子之書猶宜讀之也如其體用之支離知行不合一即如指掌嘗不胡亂庶乎不掩過者也陽明王子以後朱學諸子之書則初學不讀之可也何則大抵有客氣勝心者欲抑王而揚朱故罅漏補綴如無支離而為合一然以良知為仇舍之於度外則要遺本體而流言語焉得免掩過也哉掩過小人之情狀舍良

知義襲之粗工、初學讀之、則必迷繆矣、終不
能得身心之修正也、故曰不讀之可也、而至
學問精熟、則讀之亦奚害哉、有主宰、則一覽
而其是非得失、瞭然乎心目間矣、不是抑朱
而揚王之私、患後輩無得而陷俗學、故詔之
也、

聖賢名譽之傳於萬世而不朽者、此非名譽之
傳於萬世而不朽也、其自初至終、所實踐仁
義禮智之德、與天之春夏秋冬只一箇、故其

人雖死、其靈駕於春夏秋冬之氣、徧布充滿
乎天地間、而人不能諼、以是傳於萬世而不
朽也、假善偽行、而焉至於此哉、

天如有心而運用春夏秋冬、則顛倒錯施、萬生
却不得生育也、故人不歸乎太虛、而外行仁
義、則亦復然、其受害者不鮮矣、莊子非毀仁
義、其所毀在於有私心而行之者也、豈謂不
可哉、

問歸乎太虛而後為仁義云、則未歸乎太虛者、
不為仁義而可耶、曰、未歸乎太虛者、不自欺
自謙、誠意之功夫、徹動徹靜、徹晝徹夜、終始
一焉、便是為仁義之道、而歸乎太虛之竅也、
故雖未歸乎太虛者、仁義何可不為也哉、

孟子盡其心者、知其性也、知性則知天矣、知天
者、正是見得心之虛即為太虛、乃與天齊、學
者至此、亦聖人也夫、

瞻日色薄而月光明、則知者知陰凌陽矣、見眸
子眊而血氣淳、則明者知耶勝正矣、天人本

是通一、不可欺者也、

實知不義、然後知其富貴如浮雲也、否則安得
知之哉、而是知便良知、而非聞見之知也、然
學者推廣聞見之知、欲其如浮雲、與聖人一
般、譬如眇而見千里外、蹇而登高山顛、其亦
難矣哉、

知止、而后實知所先後、以實知所先後、故得實
知修身為本、此之謂知之至也、致知、致其知
于事事物物也、是故知止、知先後、知本、此三

知大學之訣也、如不知止、安得知所先後、不知所先後、安得知本、不知本而謂致知、則意見之知、而非良知也、

歐陽公祭劉給事文曰、金百鍊以為鑑、而萬物不能遁其形、及為物蝕而蔽其光、須臾無異乎瓦甓、然而一遇良工之藥磨而瑩之、則可見肝膽而數毛髮、蓋其可昏者光、不可昏者性、其或廢而或用、由有幸與不幸、歐陽公不欲語性、而此數語道盡性之靈、學者善觀之、

則良知之旨不出乎此、而語性則人必以為天自然為陶鑄、而不知甚乎百鍊以為鑑也、

記曰、人者其天地之德陰陽之交鬼神之會、五行之秀氣也、其初命性也乃如此、豈亦容易哉、故人不可不盡保合大和之工也、否則辜負乎天地之恩矣、

王文成公討宸濠之獨斷、固致其良知也、然而其所以致其良知、乃從蔡虛齋論岳飛班師書來、因知立言以垂諸天下萬世、即亦仁也、

嗚呼、豈曰小補之哉、

我常以一日為一年、歷度光陰焉、因近讀古人以一日為百年、以百年為一日之語、悟道無窮而學無際也、

或問予以一日為一年之義如何、予笑而不答、再三請、因曰、予非有他術也、只日以子丑實為仲冬季冬之時、以寅卯辰實為孟春仲春季春之時、以巳午未實為孟夏仲夏季夏之時、以申酉戌實為孟秋仲秋季秋之時、而以

亥實為初冬之時、而寤寐常見吾性、仁義禮智之妙、與天運一箇、更不有須臾之間斷也、如一有間斷、則禽而非人、死而非生、是故致良知以省察修治、則起臥至瑣屑之事、不能叛仁義禮智而行之也、工夫於是、則以一日為一年猶未矣、雖為百年可也、故送一日之光陰、豈亦容易也哉、予因再三之請、不得已以吐露之也、冀以吾言勿矜大矣、

存心有二、自聖賢已下、存心於理、固不可無也、

存心於欲、決不可有也、然存心於欲即易、而存心於理乃難矣、古人詩所云、呼起十年心上事、春風樓下賣花聲、是亦庶乎存心於欲者也、故學者省察之工夫、不可時刻廢、以此也、

三蘇之學、以道器為別、二程之學、以道器為一、是乃洛蜀爭端之所源也、而二程之見不詭乎聖人、然學人不本本心之良知、徒謂道器一、則恐亦陷於釋學之空矣、是聖學之所難也、

慶雲鳴雷凄風和氣、皆是太虛之象、而不常有、然有時出焉、喜怒哀樂、皆是人心之情、而不常有、然有時起焉、故喜怒哀樂、便是天之慶雲鳴雷凄風和氣、而慶雲鳴雷凄風和氣、便是人之喜怒哀樂也、元是不二矣、然而人不歸乎太虛、而喜怒哀樂、任情起滅、則亡德喪身之基也、故君子慎獨歸乎太虛、惟是之務、是以當喜怒哀樂之境、尤忍而不輕起焉、如

吾者則反之、宜慎也、

不遷怒、不貳過、學者所效法、然不用克己之苦功、而不遷怒、不貳過、則非柔惰不振之士、必掩奸飾非者也、

不知太虛之理、而精算草木之花、又縷析其蕊、細看玉石之文、又纖別其理、便是日亦不足勞而無功、有學之類、此者不可不知也、如亦了得太虛之理、則萬物皆在其中矣、花蕊文理也者、其陶鑄之所使然也、故精算與縷析、細看與纖別、不勞而見其効矣、

無善無惡、心之體也、故君子致知格物、以歸乎其體、便是太虛、而萬事萬物、皆涵於其中矣、以是日用應酬、故得遂位育參贊之功德也、

學固正己心、修己身、然以正己心修己身而已、為學之至焉、蓋非大人之道矣、夫身外之虛、皆吾心也、則人物在心中矣、其為善去惡、亦我身之事、而其為善亦無窮、去惡亦無窮也、故大人斃而後休矣、故不斃內、令其為善、其

去惡、便是功夫、

月之障乎樹葉、而雖葉間漏於光、葉之當處遮了、乃似虧月體、而非虧焉、是可悟常人良知之障於氣質、而隱見斷息之義也、故學不至變化氣質、則良知雖存於內、焉能照徹於外也哉、

或問立志之義、曰、先知志字而可矣、曰、心之所之謂之志、是歟、曰、否、此非立志之志之義也、夫志字从士从心、由是觀之、則立士之心焉耳、士之心、則孟子所謂無恒產而有恒心者、惟士為能、其恒心者、何也、不以貧賤禍害易為善之心也、故學者先立其心、以從事於聖學、則如下種子望成實也、因用不息之功、乃為賢為聖、其亦由是躋焉乎、

孔氏之畜狗死、使子貢埋之以敝蓋、而貧無蓋、乃予之席、毋使其首陷焉、此所以語小天下莫能破焉也、而聖人於狸畜也、不使僕隸、而使高第端木氏、似甚過重矣、吾嘗疑之、乃因

家犬死、而始覺使高第之不重矣、呼、

或問、子產之於孔子、仁智如何、曰、仁固不及、而智亦不及也、請論之以小不以大、子產使校人畜生魚池、此不欲妄殺而放之水也、庶乎仁、而校人烹之、反命曰、圉圉焉、洋洋焉、攸然而逝、子產信之、此雖有欺罔之別、果智乎、抑不智乎、孔子之畜狗死、埋之以席、毋令首陷焉、仁也、其不使僕隸、而使高第端木氏、智也、使僕隸、則未可知、如孔子之指令毋令首陷

也、如令首陷、則非但不智、其仁亦為之失矣、子之於小事、自然周致不漏猶如此、是聖人之所以為聖人、而非子產之所及也、而子產安得盡仁智也哉、如亦盡仁智而無憾、便是亦聖矣、非特子產而已也、

聽於無聲、視於無形、子之事親、致情盡心、乃至如此、則庶乎孝矣、如臣於君、其志在聽於無聲、視於無形者、多是便嬖奸佞之小人、而決非忠臣義士也、事親與事君之別、於是焉可

見矣、然而子聽於無聲、視於無形、以養親志者、天下鮮、而臣聽於無聲、視於無形、以逢君惡者、天下多矣、此可慨也、

孟子曰、仕則慕君、不得於君則熱中、嗚呼、斯言也、鑑鄙夫之肝腸者也、夫熱中、雖如忠乎君而非忠焉、是乃為非利於己而已、

周官冢宰掌飲食貨財及嬪御之制、則以修君德為第一義也、然非第一義矣、此皆多其成長踐位後之事、而潛化默導於東宮者、其惟在一師氏乎、其至敏孝之三德、即修齊治平之本也、為儒者不可不知斯義也、否則雖用于世、惟事末而遺本、要歸乎王荊公之唾餘而已、故先儒懲其事末而遺本者、以為有關雎麟趾之意、然後可行周官之法度、此雖如周官之定論而非定論也、向則至敏孝之三德、其亦關雎麟趾之源也、無其源、則其流何能為澄清哉、故吾每曰、不本周官制度、以立法導君、則關雎麟趾之德難成矣、非乎、

學者雖明心性之理、知天人之義云、然不精通於儀禮喪服及卜氏之傳、則於人倫之差等微妙處、不能分曉明白焉、如不分曉明白、則其行事未免妄行恣睢陷空與俗也、是不知背于聖教而自背之、故禮不可不講究也、然徒講究而雖精通於經傳、不明心性之理、知天人之義、則是乃無源之學、而終乎章句訓詁之陋焉、是亦非先聖教也、要偏于一不可矣、吁、聖教圓而方、方而圓、無志則難擔當、不亦宜乎、

天地之道、一順一逆而已矣、如順境則雖不心歸乎虛者、亦善應焉、而至逆境、則非心歸乎虛者、不足應之也、姑以論語首章言、則學習朋來即順境、故猶易、而人不知而不慍即逆境、故難、然而虛心之君子處之、則又猶與順境無異矣、其他以此可類知也、

孟子曰、有不虞之譽、有求全之毀、誠哉是言也、

夫有不虞之譽、必求全之欲生於心、而外掩

表飾故毀之招、此天咎而非人謗也、我於吾
躬驗之、汗濕背、爾来從事心歸乎虛、而毀譽
之念、惟是務去、吾實為虎所傷者也、謹告之
同志云、

孟子曰、說大人則藐之、勿視其巍巍然、註曰、巍
巍、富貴高顯之貌、藐焉而不畏之、則志意舒
展云云、此藐其人乎、又藐勢位乎、未令曉、而
吾以為決非藐其人、必藐勢位者、及後讀陸
儼山金臺紀聞劉司直之言、斷信藐其勢位

矣、而如人雖賤、道所存也、焉得藐之哉、而況
有爵者乎、

說卦曰、山澤通氣、象曰、山上有澤咸、君子以虛
受人、夫山也者、實物而非虛也、而澤氣徹其
頂、草木滋潤生育焉、由是觀之、則不特虛為
虛、雖實物皆虛也、故君子觀其象、心歸乎太
虛、以容天下之善、則天下之善、皆為我有、豈
不亦大乎、

爭文字之小異同者、實同穴之鬭鼠也、然而於

經世之大要、則平心不可以不辨也、

曾子之大杖小杖、有孝德而無敏德、故貽子夫
子、舜之完廩浚井、有孝德、又有敏德、故稱于
萬世、人如無敏德、則孝亦為不孝矣、是以師
氏以此為敎、良有以哉、

敏德何以就焉、人無欲、即敏德矣、別無敏德之
工也、

陳子平勉學詩、咏烈女夏侯氏之事曰、引刀斷
耳鼻、見義不見刀、見義不見刀之五字、為男

子者、宜常目在之、不常目在之、以悠悠虛度、
則當忠孝之大變、如李泰伯袁州州學記所
責死之也甚難矣、然則遺醜名於世、而不如
女子之為烈也、後世學者、或流于詩酒風流、
或耽于財貨游佚、而不知義者多矣、故不顧
誹議、以告同學之人、

語良知之底蘊、人以苦難、語良知之發見、人以
慢易、慢易者其誤也、至於以情識為良知、苦
難者其阻也、至於以氣質為謙讓、是所以聖

學之不興於世也矣、

近来作文家、以温潤含畜為主、温潤含畜、固是矣、然見其所立心、則與古之作者、何啻陵谷、古之作者、顧亭林所謂明道也、紀政事也、察民隱也、樂道人之善也、其曰明、曰紀、曰察、曰樂、則其事其理如黒白、不啻朦朧也、而温潤含畜有餘味、觀其文便可見矣、近來作文家、胸先横利害之心、故朦朧其言以趨避焉、乃似温潤含畜、而非温潤含畜也、此弊豈啻近

世、在趙宋亦然矣、朱子余龍山文集序畧曰、熹小時、猶頗及見前輩、而聞其餘論、覩其立心處己、則以剛介質直為賢、當官立事、則以彊毅果斷為得、至其為文、則又務為明白磊落、指切事情、而無含糊臠卷睢盱側媚之態、使讀之者不過一再、即曉然知其為論某事、出某策、而彼是無疑也、近年以来、風俗一變、上自朝廷縉紳、下及閭巷韋布、相與傳習一種議論、制行立言、専以醞藉襲藏圓熟軟美為尚、使與之居者、窮年而莫測其中之懷、聽其言、終日而莫知其意之所鄉、回視四五十年之前、風聲氣俗、蓋不啻寒暑朝夜之相反、是孰使之然哉、觀於龍山余公之文者、亦可以慨然而有感矣、吾勤斯語以徵焉、

有形質者、雖大有限、而必滅矣、無形質者、雖微無涯、而亦傳矣、高岳桑田、或崩或為海、而唾壺之虛、即太虛之虛、而唾壺雖毀、其虛乃歸乎太虛、而萬古不滅也、

諸儒有史論、而周程陽明先生等、及史論亦罕焉、何也、夫古今之英雄豪傑、多從情欲上做來、雖從情欲上做来、則驚天動地之大功業、要夢中之伎倆而已、評夢之是非、明道君子之所不欲言、而是所以史論之亦罕也歟、故周程陽明先生終日所言所論、惟喚醒自英雄豪傑至閭巷愚夫婦之昏夢而已耳、讀其書、可見其苦心甚乎諸儒之史論也、

致良知三字、其殺人之寸鐵矣乎、

心歸乎太虛、則太虛乃心也、然後當知道與學之無崖際也、夫人之嘉言善行、卽吾心中之善、而人之醜言惡行、亦吾心中之惡也、是故聖人不能外視之也、齊家治國平天下、無一不存心中之善、無一不去心中之惡、道與學無崖際可見矣、或曰、如子之說則惡人之罹刑、亦刑聖人之心者乎、曰、然矣、是卽去吾心之惡之道也、然而不得不悲也、豈亦可歡喜乎、曰、善人之遇賞、亦賞聖人之心者乎、曰、然矣、是卽存吾心之善之道也、然而不得不喜也、豈亦可媢嫉乎、只媢嫉人之善、歡喜人之惡者、以吾心為我物、乃一小人、而非聖人太虛之心也、然則心也者、善惡混焉乎、曰、心之體太虛也、太虛一靈明而已矣、何善惡混之有、然氣之往來消長、則不得無過不及也、只其過不及、便是沴氣之所由生也、而未嘗能損乎太虛之靈明也、子試仰眼看天、則疑亦自解矣、奚待吾之辨哉、

忿與懼、庸常所不免、而忿屬剛、懼屬弱、皆病也、病也則不可不療也、王震澤先生治怒箴曰、有若撞摶、或干吾意、盛氣赫炎、如火斯熾、熾不傷物、乃先自燔、既懲於事、亦蓄於身、方其怒時、爾盍自思、彼其是耶、我怒奚為、彼且非耶、怒之則已、怒而不怒、弗留於己、譬彼熾火、沃以清泉、沃之沃之、火乃不熒、明鏡在懸、其中湛若、是謂不遷顏氏之學、人以此療怒、則庶乎愈焉、其治懼箴曰、有赫在上、或臨在旁、中乃憒亂、有沸如湯、沸莫自知、倉皇眩瞀、心既靡定、身且奚措、方其懼時、爾盍自定、在吾唯理、在天唯命、理之正矣、守且勿他、命之定矣、雖死而何、譬彼寒泉、點於沸湯、點之點之、沸乃不揚、刀鋸在前、不震不竦、是謂不動、孟軻之勇、人以此療懼、則庶乎愈焉、眞愈則心歸乎虛、雖心歸乎虛、則怒與懼亦天理也矣、所謂發而中節者也、此則不可無也、水孰令流之哉、石孰令堅之哉、山孰令峙之哉、

海孰令潮之哉、雲雨孰令翕張之哉、日月孰令往来之哉、視而不見、聽而不聞、一言以蔽之、太虛之德、善孰令息之哉、悪孰令消之哉、忠孰令勸之哉、邪孰令懲之哉、父子孰令親愛之哉、上下孰令雍和之哉、此亦太虛之德之所致耶、嗟夫、吾不知其何如也、

悪紫之奪朱也、悪鄭聲之亂雅樂也、悪利口之覆邦家者、今有兩眼而不明者、好紫甚乎朱、有兩耳而不聽者、好鄭厭雅、有這心而不閑者、

溺於利口、而屏遏忠告直言之人、此皆以習氣情欲蓋良知也、若蓋者除、則良知究然出焉、然後悪之與聖人一般、否則雖窮書史富文章、猶好紫好鄭、與溺於利口、未嘗異於凡俗人也、若人而在下、則必亡德矣、在上則不免於夫子之所戒也、嗚呼、此聖人之龜鑑萬世不誣者也、

不以父母之心為心、則不可謂孝也、於何尤見之、於夫婦之事尤見之、内則曰、子甚宜其妻、父母不説、出、子不宜其妻、父母曰是善事我、子行夫婦之禮焉、没身不衰、非以父母之心為心者、孰能眞為之哉、吾弟子今有此家厄、教喩以斯義、幸而聽曰、行其禮焉、没身不衰、嗚呼、實踐其言、則庶幾焉、故記之以示及門之人、

或問求其放心之義、曰、放者、取於外物而放出焉也、故求之以復于方寸内、了方寸非他、太虛也、求放心、亦惟歸乎太虛之謂也、事如易

而實難矣、功如淺而誠深矣、此所以古今眞求放心者之尤罕也、又曰、求放心者、歸乎太虛、既聞命矣、然而程子之言曰、聖賢千言萬語、只是欲人將已放之心、約之使反復入身来、自能尋向上去、下學而上達也、其謂入身来、而不謂復于方寸、謂能尋向上去、而不謂歸乎太虛、然子以方寸易身字、以太虛易上字、抑亦有説乎、曰、身之所以為身、以有方寸之虛也、如無其虛則不靈而死矣、故吾則謂

之方寸、上也者何、仁也、仁也者何、太虛之德
太虛之德、外於仁而無有也、予猶疑吾說異
於程子矣、
當利欲紛拏之時、以致良知為斆學、實庶乎迂
愚、然而舍之以無復性為人之道、故非有為
天地立心、為萬世開太平之志者、孰能真斆
學之也哉、故姚江師弟之外、未嘗見其人也、
良知各具備焉、如地中水、無不有、致之之難、如
逆水舟、惰則退而不進、荀子覩致之之難、遂

洗心洞劄記上　四十

謂性惡、孟子見無不有、斷謂性善、夫雖致之
之難、然無不有、則本來之性、固善也已矣、故
性善之說、冠于萬世、確乎其不可易者也、然
不致之、則視聽言動皆離道矣、皆離道則果
人乎、抑獸乎、若獸也則性果善乎、抑惡乎、吾
恐荀說之孚于世也、是故學者不可不立志
以致之也、
自程朱沒至陽明先生、其閒學者沈溺於詞章
文句中、未嘗能出頭、誠可憫矣、及先生起、學

者始得見天日焉、故顧端文公曰、程朱沒而
記誦辭章之習熾矣、所以使天下知有自心
自性之當反而求者王文成也、誠哉此言也、
心歸乎太虛、非他、去人欲存天理、乃太虛也、
舜不告娶等之義、雖經所載、初學及有欲之輩、
不講之而可也、恐有假之誤身者、然心歸乎
太虛、則知非常之事皆亦道也、故不妨、
視履考祥、此豈非不占而斷其吉凶乎、故人欲
知吉凶、則不問之龜筮、而問之良知可也、良

洗心洞劄記上　四十一

知不能瞞曾所履之是非邪正矣、
無非事者、是真格物、故自王公至庶匹、日用應
酬之事、皆格物也、豈只讀書窮物理、然後謂
之格物云乎哉、
耳目口鼻四肢、養吾之物、而又亡吾之物也、故
常常不照固有之知、則必入畏矣、
吕新吾先生曰、在上者無過、在下者多過、非在
上者之無過、有過而人莫敢言、在下者非多
過、誣之而人莫敢辨、吾意在下者、非多過、而

猶見誣如此、况真有過愆則必不免矣、故在下君子、不可不盡心以立無過之地也、

心即五臟之心、而不别有心也者也、其五臟之心、僅方一寸、而蘊蓄天理焉、唐凝菴曰、性不過是此氣之極有條理處、舍氣之外、安得有性、心不過五臟之心、舍五臟之外、安得有心、心之妙處在方寸之虚、則性之所宅也、吾説不與之期而同符、猶俟君子之論、

薛敬軒先生自以為氣直是難養、而二十年治

一怒字、尚未消磨得盡、以是知克己尤難云、吾竊考之、先生怒、與常人怒亦奚同哉、蓋文武一怒之未熟者也歟、

不有所為而為之者、大學之教、而聖人之道也、客難曰、天下無害菑、雖有聖人、無所施才、上下和同、雖有賢者、無所立功、故曰時異事異、雖然安可以不務修身乎哉、觀其修身一言、則東方朔其亦非滑稽之徒、而庶乎知道者歟、

視民如傷四字、前崇於明道先生、後崇於敬軒先生、而尋其出處、雖出孟子、而又左傳逢滑之語也、春秋之世雖亂、猶有先王之餘風在焉、故吐得如是語、至戰國秦漢、如傷之政、掃地蕩盡矣、悲夫、而二先生或坐處皆書、或銘心、則三代已上之人也、謹可想見焉、

黄陶菴曰、李習之問一禪師、如何是黑風吹船飄墮羅刹鬼國、師云、李翺小子、問此何為、李怒形於色、師笑曰、發此惡心、即是飄墮鬼國

也、誦心之難如此云、夫文字之儒、愚弄乎玄悟之浮屠、每每如此、儒者真看破學庸之慎獨、以下工夫、則他法術皆存於其中、而老佛自黙奪乎我矣、否則二氏却高出于儒者思為之上、陶菴之意抑亦在於茲歟、

顔子之樂、以萬生之樂為樂、朱子曰、人之所以不樂者、有欲耳、無欲便樂、夫心當無欲時、只虚而已、虚則以萬生之樂為樂、何者、以萬生在吾虚中也、顔子亞聖、既至其境、故樂焉、雖

吾人如無欲、則必與顏子同其樂矣、

孟子曰、為人臣者、懷利以事其君、為人子者、懷利以事其父、為人弟者、懷利以事其兄、是君臣父子兄弟、終去仁義、懷利以相接、然而不亡者、未之有也、世之為臣子弟者、不似之耶、又曰、為人臣者、懷仁義以事其君、為人子者、懷仁義以事其父、為人弟者、懷仁義以事其兄、是君臣父子兄弟、去利懷仁義以相接也、然而不王者、未之有也、世之為臣子弟者、似

之耶、而為臣子弟者之或懷利、或懷仁義、是孰主張之耶、果天乎、抑人乎、人則不法於聖道、而為臣子弟者、安得出彼入此也哉、然而孟子之言、臣子弟之鍼砭也、

地載於水、水包於天、天即太虛也、故心至大、無不載焉、奈何慾以小之、是惑之甚者也、

仁也者、即太虛之生、義也者、即太虛之成、禮也者、即太虛之通、智也者、即太虛之明、信也者、即太虛之一、是皆太虛之德之用也、而人皆

備之、不學則昏黑如長夜、與不生無異矣、是故學而率其德以行之、始謂之生人也、

橫渠先生曰、有受教之心、雖蠻貊可教、為道既異、雖黨類難相謀、是言先生必有懲云爾、而至黨類難相謀、則我雖固有同胞之仁、而彼拒爾我之心、既陷於小人、故如此、在賢聖未能免其分隔之憂也、而況於我輩乎、雖然自反以為仁之未熟、而真盡心則讐之難相謀者、亦閤有歸化者、而又所甚難也、人之舍仁

乎半途、於是焉惑故也、

父有爭子、則身不陷於不義、故當不義、則子不可以不爭於父、故為人父者、不可不顧有此子也、有此子、則躬為君子、無此子、則自非上智、大凡陷於夷狄禽獸必矣、思之悚然、

魏晉之人物、不可概以靡文目之、陸士衡演連珠曰、煙出於火、非火之和、情生於性、非性之適、故火壯則煙微、性充則情約、混之宋元大儒之語、殆不可辯者、無他、於性情之說不可

易故也、

張楊園學於念臺劉子、而以戈入室者也、何者、以良知為直情經行、吁、何其言之悖也、夫良知、不學不慮之良心耳、性也、非情也、而直情乃非性矣、然以性之良為直情何也、是全係乎愛悪之念、故其誣一至于此、可不慎哉、

這裏微有禍福生死之念在焉、則格物之物字、決不能令曉明白也、如無其念、則心解了、

陸象山先生嘗聞鼓聲振動窓櫺、亦豁然有覺、此不道其所以覺、然考其義、鼓中即虛、故其響徹窓紙、窓紙振動、若先有物塞乎其中、即非虛、非虛則無其響矣、安振動窓櫺之有、先生之覺、蓋在此歟、

或問、子嘗舉谷神為説、則取老子乎、曰、先聖詢芻蕘、而況賢哲乎、然賢哲之語、而有病則不取、而況芻蕘乎、横渠先生曰、大率天之為德、虛而善應、其應非思慮聰明可求、故謂之神、老子況諸谷、以此、然則奚啻吾、横渠亦云爾、

子猶疑我乎、

君子之於善也、必知行合一矣、小人之於不善也、亦必知行合一矣、而君子若知善而不行、則變小人之機、小人若知不善而不行、則化君子之基、是以君子亦不足恃、小人亦不可鄙也、

作詩文、經學家以為非者、恐亦非也、六經便是聖人之詩文也、故學人先明其良知、而以平日蘊於心者、觸物感事、吐為詩文、則詩文乃

助于學、於聖道何害之有、若亦不明良知、而徒弄筆墨、以賣名求譽、則與道大背馳、要為彫蟲小技、豈非可惜乎、

心之太極既復、而隨時變易、則聖賢之時中也、心之太極未復而變易、則世俗之巧偽也、而其始甚微、其終大違、故云、君子慎始、差若毫釐、繆以千里、是故未復太極之體者、一守經而已矣、

吾心之理、於宣王牽牛童盡矣、吾體之氣、於公

孫丑養氣章審矣、知養氣而不明理、則庶乎
勇、而體道誠難矣、知明理而不養氣、則庶乎
怯、而踐道實艱矣、故聖學之極、在使理氣合
一也、使理氣合一、在致知格物矣、
人七尺之軀、而具於天地萬物之理、立志則其
道張而行焉、失志則其道愈而亡焉、所以使
亡者、富貴貧賤、所以使行者、學問力行、人愈
於此乎岐矣、賢愚於此乎判矣、年壽如馳、各
能努力、質諸前哲、而前哲亦云爾也、

傳習錄曰、九川臥病虔州、先生云、病物亦難格、
覺得如何、對曰、功夫甚難、先生曰、常快活便
是功夫、如陽明先生之說、而後信無時無處
不學、充之則殺身成仁之禍患、亦只是快活、
不然、縱忠死、可謂之仁哉、
陽明先生曰、文公格物之說、只是少頭腦、如所
謂察之於念慮之微、此一句、不該與求之文
字之中、驗之事為之著、索之講論之際、混作
一例看、是無輕重也、竊考先生之意、則謂察

之念慮之微、即是頭腦也耳、此乃是正論也、
何則曰察、曰求、曰驗、曰索、其何者察之、求之、
驗之、索之、非良知誰、故雖求之文字、驗之事
為、索之講論、要皆歸乎念慮之微而已矣、如
不歸乎念慮之微、則文字事為講論果何物、
亦外物也已矣、泛泛蕩蕩、如求亡子於道路
然、豈非無根本學問耶、而況即凡天下之物
云、則不逐外物而遺心理者幾希、故學人雖
求之文字之中、驗之事為之著、索之講論之

際、必皆察之念慮之微、則物格而知至、學不
知要落支離、流口耳、而望聖賢之域、不亦難
乎、

黙坐瞑目、而退思既往事、則是非善惡、如記如
忘、茫茫乎捉雲捕風、非實有、過去思之何益
之誠、於是乎覺得、仰想俯惟、以億度將來事、
夭壽禍福、不可豫期、昧昧乎望夜中山、非真
見未來、思之何益之訓、於是乎醒了、然則於
現在上、正心以事君事父、盡忠盡孝、而盡餘

善之外、更無實有真見之事矣、因可知聖教
之倫常用乎世、而釋學之幻妄無用乎人也、
雨餘池滿、一魚潑剌誤投身于地、展轉反側、蟻
既攻焉、予喫飯了、偶步池邊、看其狀憫爾驅
蟻、手歸諸池、圉圉洋洋以沈沒、喟然嘆久之、
因遂心悟所謂命數之命矣、
子弟問文文山正氣歌所謂鬼神泣壯烈義曰、
人真有忠君之心、而無一毫人欲之私者、讀
孔明出師表必欲泣矣、便是良知之感動也、

良知即鬼神、何別有鬼神乎哉、嗚呼、爾等亦
忠矣、則必知得鬼神之泣、
或謂予曰、傳習錄曰、日間工夫覺紛擾則靜坐、
覺嬾看書則且看書、是亦因病而藥、剪劣如
某者、覺其難、曰、紛擾者人欲害道心也、覺者
良知照之也、常人日間多私己、故心紛擾、良
知覺之、則靜坐而觀未發以前之氣象、則乃
萬象皆為賓客、嬾者亦人欲也、常人平日多
惰氣、故嬾看書、良知覺之、則反強看書、而知

古人之不如、性命之不全、於是焉必憤發者
也、因病藥者、猶熱傳胃者、以硝黃下之、終得
愈、若又用庸醫之說補之則死矣、故紛擾之
靜坐、嬾之看書、皆硝黃也、故君子勉之、常人
不勉之、是以賢益賢、愚益愚、且靜坐非坐禪
入定也、以朝聞道夕死可矣等之語、加之于
心、去其妄念、是乃靜坐之一法也、詳出于高
忠憲復七說、子等一見之、
或問傳習錄中所謂良工心獨苦氣象、曰、子不

聞乎、范文正公居廟堂之高、則憂其民、處江
湖之遠、則憂其君、進亦憂、退亦憂、良工之心、
於是可推矣、而文中子之續經豈亦容易哉、
漢魏迄隋唐道不明於上、俗不美於下、子弑
父、臣弑君、其勢如崩濤奔波、至不可救也、是
以有續經之舉、遇是時有是事、聖賢不得已
之苦心焉耳、豈亦好名貪利如小人儒哉、其
餘晦菴先生之居敬窮理、陽明先生之致良
知、亦復然而已、而吾輩未積明德親民表裏

内外洞徹之功、如何口舌之際、窺得良工之
心、而眞勉學則他日必俱有管窺焉、
弟子問、先生嘗曰、延平先生云、當理而無私心、
是說自好、而今人或有外面如當理者、然不
可謂果無私心也、乾知竊考傳習録曰、心即
理也、無私心即是當理、未當理便是私心、若
析心與理言之、恐亦未善、今推之先生之言、
反如析心與理爲二、何也、答曰、延平先生之
說、本是解仁、仁者心之本體、即理也、即無私

心也、心理固不可析矣、但常人或有稱孝悌
者、大抵從名心利心上做來、則其所行雖如
稍當理、安得謂無私心、吾前日之言、就常人
說、非說其本體也、故當理而無私心、非純於
天理之極者不能焉也、爾等須要無私心、中
庸之戒愼恐懼、即其功也、久久不息、乃得至
乎仁地、不然要事事當理、亦只是義襲而取
者也、
水性本寒矣、火在其下、則沸沸然化爲湯了、當

其時、水雖有寒絶無也、人性本善矣、物誘其
外、則倀倀然化爲惡了、當其時、人雖存善或
無也、然去其火則寒復依然、拒其物則善亦
現在、如去火不早則焦枯而水與性俱滅矣、
拒物不嚴則壞亂而人與性俱亡矣、是當然
之理也、吾輩宜用不失性之工夫也已矣、
揚凝齋曰、時有淳澆、俗有美惡、故泰伯居夷而
化、孔子在魯而七十子之外多譏之、亦視其
自立者而已、若得位則風行草上矣、揚氏此

說、必有所感而云爾也、吾亦嘗有說曰、孔子
大聖人也、天下大也、四海廣也、莫皆不仰望
其德、莫盡不尊尚其道、然此孔子沒後數十
百年而乃然、當其生時、長孔子者、貴乎孔子
者、未嘗聞有一人誠仰其德、眞尊其道者也、
而如其升堂入室之諸賢出焉、則孔子晩年
之事、而其少孔子大抵不下三四十如五十
也、故孔子四十歲之時、顏子十歲、子貢九歲、
有子七歲、閔子五歲、而仲弓冉有共七歲、皆

丱角童也、冉伯牛宰我年齒雖不見載籍、恐與數子不相遠矣、如子游子夏則未生矣、而傳衣鉢之曾子及子張亦未生也、且子路雖少九歲、孰贄益尤晩矣、自餘七十子三千之徒、長孔子、貴乎孔子者、未之有也、而七十三千、雖其數如多、視之乎天下四海、則特大倉一粒而已矣、豈多乎哉、夫天下之大、四海之廣、而當時何為入其門受其教者乃少矣耶、是吾所以疑之不解乎心也、熟讀論孟、然後

其疑始釋然矣、子曰、不得中行而與之、必也狂狷乎、狂者進取、狷者有所不為也、又曰、鄉原德之賊也、孟子曰、孔子不得中道而與之、必也狂獧乎、狂者進取、獧者有所不為也、孔子豈不欲中道哉、不可必得、故思其次也、又曰、孔子曰、過我門而不入我室、我不憾焉者、其唯鄉原乎、鄉原德之賊也、而詳述其所以為狂獧、與其所以為鄉原、如眼見彼此相反之狀態也、嗟乎、當春秋時、孰非閹然媚於世

者哉、孰非同乎流俗合乎汚世者哉、孰非居之似忠信、行之似廉潔者哉、孰非亂德者哉、而曰古之人古之人、是誰歟、踽踽涼涼、是誰歟、然則狂狷鮮乎晨星矣、而鄉原即天下滔滔皆是也耳、孔子開道立教、特取其鮮乎晨星之狂狷、而不顧入其室者、天下滔滔之鄉原也、宜乎當時受其教者之寥寥焉、吾亦奚疑哉、嗚呼、道之所貴在此矣、道之所不行亦在此也夫、

昨陰而今晴、予偶與弟子步園地、忽仰天曰、今即陰而昨乃晴也哉、弟子駭曰、先生豈狂矣乎、今晴而反謂之陰、昨陰而反謂之晴、何也、曰、此非爾輩所知也、夫今之晴、特散焉耳、昨之陰、只聚焉耳、今雖散也、其所以聚者亦充塞乎太虛中矣、昨雖聚也、其所以散者亦徧布乎太虛中矣、是故雖聚必散矣、故曰昨晴、雖散必聚矣、故曰今陰、言奇而非奇、是常理也、如能了悟之、則未發已發之理亦一般、而

當知戒懼愼獨之為實功也夫、
敬之不可斯須離也、雖愚讀書者則皆知之、然
人徒倡敬、而不盡其道、則却不敬也、夫敬之
體用微、而大、易曰、敬以直內、大學曰、敬止、曲
禮曰、毋不敬、儼如思、安定辭、安民哉、是故敬
云、則心直矣、心止至善矣、然後其體立矣、容
貌常不可有惰廢暴慢之狀、言辭常不可有
過黙多言、與戲謔之失、而家人常無猥雜亂
濁之行、然後其用行矣、於是始可謂尊敬也

已矣、否則口敬、而內外俱無其實、謂之敬可
耶、故吾輩直用工夫于此一字、則庶幾身修
而家齊矣、
一門人問天地絪縕之狀、曰、近取諸身則易知、
曰、闇而難知矣、令爾滿口息氣、即絪縕、難知
矣者何耶、
虛於內者、誤蹈水則皆浮而不沉、此非特蟲豸
禽獸、雖人亦然、然人則沉而不浮而死焉、十
人而十人、百人而百人、曾無有一活者、何也、

此無他、其蹈水、即起欲生惡死之念甚乎彼、
而其念既塞乎方寸、故方寸實而非虛、況振
手動脚、破咽叫號乎、沉而不浮而死焉、以此
也、如無其念與其動叫則必浮而不沉而活
矣、是天理也、又奚異哉、或曰、裸裎則如子言
有或然者、衣裳而蹈焉則如何、曰、心存誠敬
而歸乎太虛之人、則雖數萬仞之海底、徐解
其帶脫其衣裳、是無難矣、嗚呼、此獨蹈水時
之術而已哉、

有類狷忿者、動鬱心而惡人、予告之曰、子蔑而
謹取予、不吐諛言以媚人、子心能知否、曰、能
知、是乃子與流俗人相反處、子心亦能知否、
曰、能知、而子有妬心、時竊發、不知之乎、曰、有
焉、故不得謂不知、子有驚寵辱、與趨避禍福
之心、子不知之乎、曰、有焉、故亦不得謂不知、
是即流俗人、與子相同處、子亦不知之乎、曰、
安得謂不知哉、然則畢竟子與流俗人相反
乃其跡耳、而心則無殊別矣、又何非彼是我、

悻悻然怒為、

學雖多端、要歸乎心一字而已矣、一心正、則性與命皆可了、魏環溪先生曰、曰正心、曰存心、曰洗心、去人欲盡之矣、曰盡性、曰率性、曰養性、循天理盡之矣、曰知命、曰俟命、曰立命、曰至命、去人欲、循天理、死生不渝盡之矣、世人論辨紛紛、皆余之大惑、不解者也、此雖如分別心性命說、要為人易解而已、推其立言之意、則與吾言亦何異哉、

嘗讀烏傷王氏華川卮辭、其言曰、人之欲為善也、由乎一念之烈而已、反而求之、充而致之、則盜跖有不可為堯舜者乎、然人以有下愚不移之言、不肯信之、則盍亦見明史忠義傳乎、張獻忠陷襄陽、盛以恒與楊所修等城守、賊登城、以恒被執、罵賊不屈、為賊支解、所修亦罵賊死、夫以恒固士夫、死之其常分而已矣、如所修、故魏忠賢黨也、而入逆案、贖徒為民者、則嘗為其鷹犬爪牙、戕害賢人君子也、不言而可知矣、然及賊迫、毅然與忠義人共罵以死、是何心也、非所謂一念之烈乎、然則良知雖惡人未嘗能損之於此可見矣、反求之、充致之、則為堯舜之云、豈亦虛言哉、且吾雖未知所修嘗讀王氏卮辭、而興起者乎否、如其所為與卮辭脗合、況載於忠義傳、與金石不朽、則豈非偉乎、此始善良而終姦惡者之永鑑也夫、

盜跖篇、雖固寓言、其對孔子敢論之言言、是皆

古今常人不言之深情、而為跖特代之言者耳、而世之不甘受教於聖賢者、全在此矣、自昔傳蒙莊能道人情、誠非虛言也、

興一利、不如除一害、生一事、不如省一事、而耶律文正之言、從何出焉、自牧馬童子亦去其害馬者而已矣之答來、而莊漆園之論、從何出焉、自四裔兩觀之誅來、而虞帝與文宣王之舉、從何出焉、自太虛之真仁來也、嗚呼、政之道、實盡乎去其害者矣、故放鄭聲、遠佞人、

亦只去害人心者焉耳、至漢唐中主、茫乎暗斯義矣、姑息因循、施煦煦小愛、以為澤民潤物、嗟乎、此所以漢唐之人為不及三五之天德也哉、

孟子、至齋宣問湯放桀武伐紂之章、君子必不忍口誦此語、然君子猶講之何、以只其有賊仁賊義四字也耳、曷為以有其四字、君子猶講之乎、夫君子之讀書者、反求諸吾心、而不外究之紙上、故我賊仁如彼乎、我賊義亦如

彼乎、念念詢諸吾慧曰、如有賊焉、則縱免人禍焉、免天誅、不賊焉、則雖無人譽、必有天祐、是故如無有那四字、則君子必不讀之也、設使孔子答其問、則必有無窮之味、而不至如此英氣之暴露峻發也歟、聖賢之一間於是略可見矣、

程朱在當時、不能免於奸人陳公輔何若王淮陳賈等之讒毀誣妄、而曲學偽學之禁、至詔諭於天下、何其悖罔之極乎、然而天定則讒毀逞志一時者、皆蟲滅草亾、而程朱之學、與天地日月、爭悠久光明、不亦大矣乎、史臣嘗論程學之禁曰、大抵聖賢之道、不行於當時、而行於後世者、理勢然也、高宗但知尊孔孟、而不知尊伊川、非理勢乎、正使孔孟在當時、亦不見尊於高宗、夫何怪哉、史臣嘗又論朱學之禁曰、王淮以唐仲友之故、溺然朱子欲謀沮之由、是陳賈鄙夫、趨順風旨、上章詆毀厚誣聖賢、嗚呼、以道學為詭異、其欺天罔人

莫此為尤、自是道學之名、貽禍於世矣、雖然天之未喪斯文、匡人其如予何、吾道如青天白日、大明於世、一二狗彘所謗訕哉、史臣之論辨、可謂明快痛切無餘蘊矣、然奸人以曲學偽學抹殺之、何故也、吾請以一言辨其由、夫聖賢言行、大反俗情矣、俗情者何、盜跖所云是也耳、其言曰、人之情、目欲視色、耳欲聽聲、口欲察味、氣欲盈、人上壽百歲、中壽八十、下壽六十、除病瘦死喪憂患、其中開口而笑

者、一月之中不過四五日而已矣、天與地無窮、人死者有時、操有時之具、而託於無窮之間、忽然無異騏驥之過隙也、不能說其志意、養其壽命者、皆非通道者也、丘之所言、皆吾之所棄也、此雖莊子之寓言、今古貴賤上下之所心口相期者、不出斯數語也、而聖賢之道則反之、非禮勿視聽言動、而志氣常救乎內、以不放、雖在病瘦死喪憂患之中、以皆盡其心為道矣、而未嘗為以是累也、而常人開

口而笑者、莫非淫戲放逸之事也、聖賢遭之則決不笑、却有蹙頞攢眉、以憂愁悲哀者多矣、常人視天地為無窮、視吾為暫、故以逞欲於血氣壯時為務而已、而聖賢則不獨視天地為無窮、視吾亦以為天地、故不恨身之死而恨心之死矣、心不死、則與天地爭無窮、是故以一日為百年、心凛乎如臨深淵、不須臾放失也、故又嘗不以物移志、不以欲引壽、要去人欲存天理而已矣、彼則去天理存人欲

也、去天理存人欲、是乃常人之所期、則去人欲存天理之教、安得不逆其耳與心哉、彼以逆耳與心、自揣之、則以聖賢之教必為矯人情、為矯人情、則其勢不得不謂教吾曲與偽也、此乃曲學偽學之名、所由起也歟、吁、非曲而為曲、非偽而為偽、曲而為非曲、偽而為非偽、理欲倒置、是非逆為、豈非可悲哉、程朱抑乎一時、而伸乎萬世、固大矣、然其躬在後世、則亦何尊之哉、只其尊之也、以死而不言也、

如雖死、判理欲、正是非、如生前、厭之惡之誰敢師尚之哉、何以知之、君陳曰、凡人未見聖、若不克見、既見聖、亦不克由聖、爾其戒哉、夫不見聖則仰慕焉、見則不能由其教、非啻不能由其教、必奔而避焉、故陽明子亦曰、儞們拏一箇聖人去、與人講學、人見聖人來、都怕走了、如何講得行、吾以此二語、知其不師尚之也、而後來以陽明子之學為異學、其亦理勢之所不免也、奚足惑哉、

道之要、前乎陽明先生、未明於天下、而經於陽明先生、始明乎天下矣、吾何以知之、以世所稱朱學純儒薛敬軒陸稼書二子之言知之、薛氏曰、道至濂洛關閩而明、今其書雖存、吾不知道之要何在、而其語學未能免間有支離之病也、陸氏論學則却為知行並進、而其太極論、不求諸窅渺、而求諸吾心、易簡直截、更無向來支離之病焉、吾意薛氏之學德、未必在於陸氏之下、而陸氏之識見、亦未必出於薛氏之上也、而薛氏嘆無要如彼、陸氏語握要如此、則陸氏豈非開明於陽明先生、而陰得要于良知者矣耶、不然則薛氏嘗不可有無要之嘆、而其免支離之疵、當在於陸氏之先矣、故曰、道之要、前乎陽明先生、未明於天下、而經於陽明先生、而始明乎天下也、殊推究其太極論、他特以太極二字來易良知二字耳、故今試復以良知二字來易太極二字、則依然姚江之口角筆勢、而非紫陽末派

之辭氣也、明眼之君子、如孫湯定當先我覷破之矣、故陸氏雖攻擊姚江、不遺餘力、斷謂之陽朱陰王可也、人如不為然、則只謂陸隴其學可矣、謂朱學不可、朱學之純、薛氏及胡敬齋、渊如許魯齋、真西山、或庶幾焉、其他如呂晚村、張楊園諸先輩、皆亦陸氏之類也、人如平心易氣、讀其諸家之書、以究其意、則當知吾不有左右祖之心也歟、

或問曰、陽明先生曰、朱子之後、如真西山、許魯齋、吳草廬、皆亦有見於此、而草廬見之尤真、悔之尤切、今不能備錄、取草廬一說附於後云、而乃載於傳習錄、故吳子之說則既熟閱焉、而知其言之緊切矣、如彼二子、則未見其梗概、請問、何如、吾對曰、真子曰、良謂本然之善也、善出於性、故有本然之能、不待學而能、本然之知、不待慮而知、觀人之幼而愛親、長而敬兄、則可知矣、親親之心、達之天下、即所謂仁、敬長之心、達之天下、即所謂義、然則仁

義豈出於孝悌之外哉、斯理也、孟子蓋屢言之、其為天下後世慮者切矣、許子曰、聖人是因人心固有良知良能上、扶持將去他、人心本有如此意思、愛親敬兄、藹然四端、隨感而見、聖人只是與發達推擴、就他元有的本領上進將去、不是將人心上元無的強安排與他、後世卻將良知良能都斷喪了、卻將人性元無的強去安排栽培、如彫蟲小技、以此學校廢壞、壞卻天下人才、及去做官、於世事人

情殊不知遠近、不知何者為天理民彝、似此民何由知嚮方、如何養得成風俗、他於風化人倫、本不曾學他家本性已自壞了、如何化得人、此二條、二子說良知良能之言、而能觀之、則外求之悔隱然乎言表矣、而學者之所以問學、非仁與義乎、真子謂何、即曰、仁義豈出於孝悌之外哉、故外孝悌而謂仁義則霸道、而非堯舜孔孟之學、斷可知矣、殊真子斯理也之一言、指上孝悌仁義言、然則窮理云、

亦窮心之理而已矣、而許子所云亦明確矣言聖人之教、令推擴固有之良知良能焉耳如斷喪之以問學、則彫蟲小技、學校於是乎壞、官路於是乎亂、民人於是乎不知嚮方、風俗於是乎不能養得云爾、由是觀之、則二子尤悔學弊、而求之本心之意不可掩也、是所以陽明先生曰三子皆有見乎此也、問者曰、積疑釋然、

一學者有起於陽明先生曰良知不曰良能之

疑者、吾謂之曰、昔人嘗亦有之疑曰、知行不偏廢、纔致良知則無行一邊了、毛西河對曰、此非陽明之言、孟子之言也、孟子曰、人之所不學而能者、其良能也、所不慮而知者、其良知也、良知有良能、何謂無行、曰、正惟良知有良能、而專言良知可乎、曰、然則子不讀孟子矣、孟子又曰、孩提之童、無不知愛其親也、及其長也、無不知敬其兄也、孟子何嘗言良能乎、孟子不言能、而能在其中、何也、知愛敬知

也、愛敬即能也、陽明不言能、而能在其中、何
也、良知知也、致良知即能也、然則陽明之言、
孟子之言矣、予以西河之言、宜知良能即在
致良知中、而釋其疑、且吾亦有說曰、孟子卒
章舉羣聖、只曰見而知之、聞而知之、未嘗曰
見而知之而行之、聞而知之而行之也、何者、
聖人之心、即赤子之心矣、故其知與孩提知
愛敬一般、故五常百行、乃在其一知中、而一
知并括五常百行了、是以曰知而不曰行、予

猶謂之漏良能乎、嗚呼、學者學聖人也、雖下
學不可不志在於斯一知也已矣、

或問太虛之氣象、曰、天則仰視即太虛焉、人則
難言矣、非難言、其人未嘗見、故難言也、然於
古人或見之、以能問於不能、以多問於寡、有
若無、實若虛、犯而不校、是乃太虛之氣象也
歟、

陳眉公曰、以太虛為體、以利濟為用、斯人也天
乎、誠哉是言也、故利濟不出乎太虛、則管商
之政也、太虛而無利濟、則佛老之道也、如偏
於一、則非大學明德親民之學矣、故吾人宜
著眼於明體適用之全美也已矣、

後儒以一氣之說、辨駁張子氣質之性、然三復
張子之言、形而後有氣質之性、善反之則天
地之性存焉、故氣質之性、君子有弗性者焉、
此說確乎其不可易者也、何則一氣之說、人
在先天則然、至後天則明有善惡焉、而謂之
本然之性可乎、故不得不謂之氣質、不得不

謂之氣質、則强名焉、非以此則將謂何、是乃
非張子之本意、故又曰、善反之則天地之性
存焉云云、於是可見非概以氣質為性矣、只
為人慮也深矣、而其辨駁之何也、吾則以氣
質之性之說、為天下不可缺之實也、

儒釋之辨、於其精也、陽明先生之說盡矣、而載
於傳習錄、吾黨之學人常覽觀之、故畧焉、於
其粗也、張南軒先生詳論明晰、莫加焉、今錄
其語、曰、酒之為物、以奉祭祀供賓客、此即天

之降命也、而人以酒之故、至於失德喪身、即天之降威也、釋氏本惡天之降威者、乃併與天之降命者去之、吾儒則不然、去其降威者而已、降威者去、而降命者自在、如欲食而至於暴殄天物、釋氏惡之、必欲食蔬茹、吾儒則不至於暴殄而已、衣服而至於窮極奢侈、釋氏惡之、必欲衣壞色之衣、吾儒則去其奢侈而已、至於惡淫慝而絕夫婦、吾儒則去其淫慝而已、釋氏本惡人欲、併與天理之公者去之、吾儒去人欲、所謂天理者照然矣、譬如水焉、釋氏惡其泥沙之濁、而壑之以土、不知土能壑則無水可飲矣、吾儒則不然、澄其泥沙、而水之清者可酌、此儒釋之分也、朱子嘆服之、是故儒者去降威者之工、不著實而不察釋氏惡之之原、只淂以異端貶釋氏、則釋氏必目儒以穢濁、是以聖經賢傳字字句句、以只去人欲之事告後人焉耳、後人忽之何哉、故吾輩晚年末路、乃如釋氏、而稍入聖賢之

轂率矣、否則多為其所惑溺、而所立之志、所勉之功、廢墮墜壞、而終為庸常之歸、故遵南軒之說、而又勿泥焉、廢墜志勉、則可謂善學也已矣、

孔門四子言志之意、曾晳雖實行未至焉、而氣象識見俱高矣、早既窺得聖人心體之虛、與顏子一般、非諸子之比也、故有暮春者春服成之答、是乃夫子之志也、夫子素其位而行、不願乎其外、然當其任、居其職、則何事不辦、何政不治、故自委吏乘田之賤、至侯伯帝王之貴、都無留難、譬之明鏡、物來則順應、其大小妍媸、無一不照、物去則只一團虛明而已耳、是故其變通曲當、無彊無息、與天同一焉也、如夫三子、猶有意必之障、故心非虛、譬如於鏡面先畫花卉人物、丹青既黏著了、雖他物自外來、不能全照之、故師旅饑饉、子路心上之丹青也、六七十五六十、冉有心上之丹青也、宗廟會同、公西華心上之丹青也、三子

之能乎此、而不能通乎彼、能乎彼、而不能通乎此、以此也、然微三子之罷用、則孔門之教、庶乎老佛、而微曾皙之微言、則夫子之志、嫌乎管晏矣、要之吾輩持志於曾皙之所言、而從事三子之罷用、則庶幾免於陷一偏之害矣乎、

周官之正、即在六官各恪守其職、而其神乃在六職互聯助其事矣、各恪守其職、雖衰季猶能焉、至聯助其事、則非成周之純臣、孰能相和神其用哉、

吾輩束書不見之、雖見之一過而忘了、况於心得躬行、又安逮古人、徐禎卿家不蓄一書、而無所不通、二十三而死、而名滿士林、楊循吉三十有一、而結廬支硎山下、治父母葬、寝苫墓側、當詔求直言時、馳疏請復建文帝尊號、此二子雖文人而非儒者、其通書之敏、履道之正、為人模範矣、必勿蔑視焉、吾所交之人有類於徐者、今也則亡、而比楊者、未遇其人也夫、

好讀史者、遵明道程子之説、以治之、則當益于身心、而不誤己、又不誤人也、初學如泛觀博究史類、則壞了心術必矣、然勢不可禁也、故莫如使之專讀其忠孝旌德及烈女傳、閲一傳、猶忽有動良心流涕泣者焉、然則必復有慕其忠孝義烈之願萌於内、而愧其貞操高節之情攻乎心者也、况讀之以數傳、積之以歳月、乃與彼一、與性融、忠孝之變倫常之艱、

萬一逼于身、則憤然盡心于君父國家、而不譲美于前脩、則不獨顯其徳于世、其益于國家、何可勝算也哉、學者不存心乎茲、棄置忠義烈女傳等于度外、只講究其攻伐戦闘之成敗、秖逆濮洪之濁亂、及鬼蜮之陷正類、蛇蝎之毒清流、則不知駸駸赴為不善之窾、豈非可恐之甚乎、故子弟慎而守我教、則庶幾免於人面獸心之歸、不為然、則質之有道之君子、

讀明史月娥傳、至寇至城陷、月娥嘆曰、吾生詩禮家、可失節於賊耶、抱幼女赴水死、未嘗不掩卷以慨然流涕也、斂佩衍裳賁降恐後之徒、對是冊子中娥眉、非無面目矣乎、吾賦詩曰、汚身不獨河間婦、天下男兒多亦然、月娥何者恥詩禮、水上流尸顏尚妍、

後儒以孔子溫良恭儉讓五字、為其傳神寫真矣、故有以發強剛毅、為英雄之態、而不為聖人之事者、是乃大悖于天道、而甚叛於中庸也、夫溫良恭儉讓、即柔德而非陽德、尊柔德而袪陽德、乃青牛老之道、而非我夫子之道也、故夫溫良恭儉讓、特其求聞政時之氣象德容耳、亦何膠柱焉哉、兩觀之誅、夾谷之會、墮三都之舉、討陳恒之請、是非發強剛毅而何、聖人之神化萬變、與太虛齊焉、豈有春溫而無秋殺哉、要時中而已矣、吁、後人求聞政則狡詐百端、進取而後止矣、而猶稱溫良恭儉讓、以陰禦正人、或用其當禍害、則遜避千

計、逃而安矣、而尚憎發強剛毅、以顯沮君子之或行、而正人君子亦泥焉拘焉、而不知天道中庸之神化、却為衆人所沮撓、不得行其萬分之一、則豈非可惜乎、豈非可恨乎、吾為宋末諸君子、發此一論、謹告其在天之精靈云、

嗚呼、孔子之氣象德容、子思道盡之矣、其言曰、唯天下至聖、為能聰明睿知、足以有臨也、寛裕溫柔、足以有容也、發強剛毅、足以有執也、齋莊中正、足以有敬也、文理密察、足以有別也、溥博淵泉、而時出之、如其門弟子、則不能兼之、而只主一、主一故罷矣、不主一而溥博淵泉、而時出之、則與太虛同體者矣乎、故孔子即不罷也、即天也、其賢於堯舜、豈但文字貽於萬世而已哉、

或問、朱子其學德才能、與聖人既相近矣耶、吾不肖、何敢足知之、然以昔賢私淑朱子人之說、判之、黃陶菴曰、朱子四書集註中、未嘗無

病、要之後學不可輕議、今人讀李杜韓歐諸集、其中詩文佳者、固不勝舉、然而字句之瑕與文義之累理者、亦未嘗無之、終不以此掩其大美、況朱子為千聖發微、使盲者得視、聾者得聽、其功固不在孟子下、縱有偏滞不融處、功過獨不可相準耶、其曰釋經之功、不在孟子下、則其學德之高、坐可知矣、陶菴又曰、大抵任天下事、識以主之、膽以輔之、強力以濟之、缺一不可也、我朝方正學是何等骨力、

何等學術、真聖人之徒也、惜應變之才、是其所少、使其處平世、遇中材以上之君、定有可觀、建文時如何濟事、因思程正叔朱元晦處建文時、不過如方正學耳、其謂惜方正學應變之才、是其所少、而又以為朱子處建文時、不過如方正學耳、則其材能之素、又坐可推矣、陶菴在崇禎之末、殉國難、而雖是朱學之徒、其心殊恨無儒將如陽明先生者焉、故其辭氣之間、悲壯感慨、豈可言述也哉、

天下之有目者、以白為白、以赤為赤、視鹿不為馬、視馬不為鹿、有耳者、以清為清、以濁為濁、聽笛不為瑟、聽瑟不為笛、於口鼻皆亦然、此何嘗與聖人異也哉、而天下之有心者、知孝之可為、而不孝之不可為也、知悌之可為、而不悌之不可為也、知忠與義之可為、而不忠與不義之不可為也、萬善萬悪皆亦然、是又何嘗與聖人異也哉、故中庸曰、夫婦之愚、可以與知焉、夫婦之不肖、可以能行焉、然其無

養氣盡性之真修者、則臨可危懼之事、接可喜樂之物、乃耳目為之昏亂、而心亦喪其明矣、於是視聽與思惟、一時顛倒了、故至於不以白為白、以赤為赤、而鹿為馬、馬為鹿、不以清為清、以濁為濁、而笛為瑟、瑟為笛、而孝不敢為、不孝敢為、悌不敢為、不悌敢為、忠與義不敢為、不忠與不義敢為也、視聽思惟、給與聖人相反、如霄壤矣、今提一事以驗之、趙高欲為亂、恐羣臣不聽、乃先設驗、持鹿獻於二

世曰、馬也、二世笑曰、丞相誤耶、謂鹿為馬、問左右、或默、或言馬、以阿順趙高、或言鹿者、高因陰中諸言鹿者以法、後羣臣皆恐高矣、夫事物之移心目、於此可見矣、若聖人而處此事、則與平生亦奚異、只謂鹿而不欺君與心而已矣、或曰、彼羣臣未必皆言馬、或有默者焉、或有徑言鹿而不欺君與心者焉、而在其不欺君與心者、則趙高陰中之以法、以法則必見殺矣、雖聖人徑言鹿、乃與彼同見殺矣

耶、曰、夫默者與言馬者、特五十步百步閒焉耳、不足深辨、至言鹿而見殺者、不有辨則誰解其惑哉、吾請又說之、趙高之無君孰與魯三子之無君、當陳恒弑其君也、孔子沐浴朝於君曰、陳恒弑其君、請討之、因君不可、又之三子告焉、三子雖不可然不能害孔子、却因孔子之告、消沮其無君之心、則孔子雖不遂討齊之事、而誅三子之心嚴矣、由是觀之、則孔子之告、雖如發於一時、其平生慎獨不欺

心之工夫、無有少間斷、故其浩然之氣、塞乎天地之閒、蘇子之所謂卒然遇之、王公失其貴、晉楚失其富、良平失其智、賁育失其勇、儀秦失其辨者也、是故三子焉得施其害哉、若常人告諸三子、則陽受而陰誅之、又猶趙高之殺言鹿者然、故使孔子處鹿馬之事、雖徑言鹿、趙高不獨不能害之、却戰其心、沮其謀矣、是决非餘人所及也、夫徑言鹿者、雖固非默者之比、然特發一時慷慨之意氣耳、何有

平生慎獨不欺心如聖人之真修實功也哉、然則非浩然之氣、正大之心也、非浩然之氣正大之心、而辱人猶受禍、況挫宰臣之言乎、宜哉忠言發、而陰禍臻焉、故誠欲盡孝悌忠義於倉卒顛沛之閒者、居常戒慎恐懼、而不可不為理與氣合一也、不為理與氣合一、而適發於一時一事、則雖殺身無益於君父國家、而天之所與我之良知良能、未有尺寸之發露、而與身澌滅矣、豈非可惜乎、

當平生至安之時、不可無危難之念、而當倉卒
危難之時、不可無至安之樂也、
彭南畇先生曰、當湖陸侍御以清德名儒、著書
講學、天下宗之、余讀三魚堂文集、見其所講
專以排擊王文成公為事、意在尊朱也、尊朱
是矣、排擊文成則甚矣、既闢其學術、復議其
功業、且坐以敗壞風俗、致明季之喪亂、吁、又
甚矣、余不覺恫心駭目、既深為文成痛、而轉
為侍御惜焉、文成入手工夫、與朱子有毫釐

之別、故其訓格物也、實與朱子牴牾、至其所
歸、同傳孔曾思孟微言、同究濂洛淵源、文成
揭出良知宗旨、警切著明、於朱子居敬窮理
之學、未嘗不可互相唱提也、文成之學、傳之
當時者、若鄒文莊、若歐陽文莊、若羅文恭、皆
粹然無疵者也、沿及鹿忠節蔡忠襄孟雲浦
黃石齋謹守宗旨、而蕺山劉先生闡揚洗滌、
尤集厥成、實為有明一代扶翼道統、主持名
教之歸、而近之宗述文成者、若孫蘇門李二

曲黃黎洲諸先生、率皆修持邃密、經濟通明、
侍御欲盡舉而斥抑之、亦不能也、且侍御之
所宗者、不過知陳清瀾之學蔀通辯、與近今
□□□應潛齋張武承之言而已、以彼生平
行誼、視前哲為何如哉、余之深為侍御惜者
此也、自三魚堂集出、而奉為枕祕者、益復恣
簧鼓、逞戈矛、若非排擊文成、不為功者、然文
成之緒言幾絕、而朱子之學、卒未有明也、是
豈侍御初志哉、嗚呼、良知喪、而害之中於世

道人心者深矣、即強繩之以居敬窮理、其不
為色莊口講者鮮矣、此南畇先生所著釋毀
錄之自敘、而鄒文莊者、所謂東廓先生也、諱
守益、字謙之、歐陽文莊者、所謂南野先生也、
諱德、字崇一、羅文恭者、所謂念菴先生也、諱
洪先、字達夫、鹿忠節諱繼善、字伯順、蔡忠襄
諱懋德、字維立、孟雲浦諱化鯉、字叔龍、黃石
齋諱道周、字幼元、蕺山劉先生者、所謂念臺
也、諱宗周、字起東、孫蘇門諱奇逢、字啟泰、李

二曲、諱容、字中孚、黃黎洲、諱宗羲、字太冲、其道德功業皆炳燿乎載籍矣、閱者知之、然而載籍浩瀚、閱者尚罕、況學屬姚江者、禁而不稱之、故予就明史、明史藁、南彊繹史、及學按等之書、採諸君之道德功業、畧述焉、小子聽之、東廓先生、天姿純粹、居家以孝友稱、出陽明子門、宸濠反、與陽明子軍事、嘉靖三年、世宗欲去興獻帝本生之稱、東廓疏諫忤旨、下詔獄榜掠、遂謫遐方、於此釐滛祠、建復初書院、與學者講授其間、聞陽明子卒、為位哭服心喪、召為司經局洗馬、東廓以太子幼未能出閣、乃與霍韜、上聖功圖以諷諫、帝以為謗訕、幾得罪、九廟災、東廓直言、帝大怒、落職歸陽明子嘗稱之曰、有若無、實若虛、犯而不校謙之近之矣、其子善孫德涵德溥等、皆守良知之學、不落家聲、南野先生甫冠、舉鄉試、之贛州從陽明子、嘉靖二年、策問陰詆陽明子、南野與魏良弼等、直發師訓、無所阿意、登第、

歷官為禮部尚書、時儲位久虛、帝惑邪臣之說、諱建儲、南野懇請、且南野遇事侃侃、或當利害、衆相顧色戰、南野意氣自如、而器宇溫粹、學務實踐、大闡明陽明子良知之宗旨矣、念菴先生、幼慕羅倫為人、年十五讀陽明子傳習錄、好之、師事同邑李中、傳其學、嘉靖八年、舉進士第一、外舅喜曰、吾壻成大名、念菴曰、儒者事業有大於此者、此三年一人安足喜也、事親孝、父喪苫塊蔬食、不入室者三年繼遭母憂亦如之、起復言事、帝怒、念菴歸益求陽明子學、甘淡泊、鍊寒暑、自天文地志禮樂典章河渠邊塞戰陳攻守、下逮陰陽筭數、靡不精究、至人才吏事國計民情、悉加意諮訪、曰苟當其任、皆吾事也、流寇入吉安主者失措、為畫策戰守、寇引去、素與唐順之善、順之應召、欲挽之出、嚴嵩以同鄉故、擬假邊才起用、皆力辭、其論學曰、儒者學在經世、而以無欲為本、山中有石洞、舊為虎穴、葺茅居之、

命曰石蓮、謝客默坐一榻、三年不出戶、主事項喬巡撫馬森、共請薦其家、念菴皆辭焉、以志士不忘在溝壑為期、隆慶初卒、鹿忠節端方謹懿、有必為聖賢之志、而與孫蘇門為友、定交楊忠愍祠下、皆慨然有殺身之志、萬曆癸丑進士、遼左缺餉、請帑、疏皆不行、會廣東解金花銀至、忠節與司農議、劉納大倉、轉發遼左、而後上聞、上怒、降級、調外任、忠節移疾去、金花銀者、國初以備各道之緩急、俱解大

倉、其後改解內府、宮中視為私錢、故帝怒也、光宗御位、復官、天啓元年、遼陽陷、以才改兵部職方主事、閣臣孫承宗理兵部事、推心任之、及閣視關門、以忠節從出督師、復表為贊畫、拓地四百、收復城堡數十、承宗倚之若左右手、在關四年、承宗謝事、忠節亦告歸、崇禎元年、起復、再請歸、九年七月、清兵攻定興、忠節在江村、白父請入扞城、父許之、與里居知州薛一鶚等共守、六日城破、忠節不屈死之、

家人奔告其父、父曰、嗟乎、吾兒素以身許國、今果死、吾復何憾乎、忠節少讀傳習錄、而覺此心之無隔礙也、故人問其何所授受、曰、即謂得之於陽明可也、蔡忠襄少慕陽明子為人、萬曆四十七年進士、授杭州推官、山東白蓮賊起、浙中奸人亦發、知縣諸變起、皆賴忠襄籌畫、事乃定、天啓五年、行取入都、同鄉顧秉謙柄國、不與通、秉謙怒、以故不得顯擢、進祀祭員外郎、尚書率諸司往謁魏忠賢祠、忠

襄託疾不赴、崇禎改元、出為江西提學副使、須陽明子拔本塞源論於諸生、自著管見、發明良知之說、士多興起、遷浙江右參政、擒湖州劇盜屠阿丑、當事以忠襄為知兵、內艱服除、起井陘兵備、旱禱即雨、自餘善政軍功不可勝記、終與李自成大戰、不屈死之、孟雲浦師事尤西川、西川即服陽明子之學者也、雲浦萬曆八年進士、時相欲招致之、辭不行、摧稅河西務、與諸生講學、河西人尸祝之、南畿

山東大飢、奉命往振、全活多、不附閹臣、不通
中官、以故多不悦、救張棟忤上旨、斥為民、旣
築書院川上、與學者講習不輟、四方從遊者
恒數百人、久之卒、雲浦與孟我疆相砥礪、時
人稱為二孟、黃石齋劉念臺二賢共私淑良
知之學、石齋以知止為學的、念臺以愼獨為
聖功、各當天下之亂、守人臣之節、周旋奸臣
之間、扶持善類之危、雖各斥為民、起復與社
稷同存亡、石齋雖被執、不肯降奴兒、於幽室

四服中、與所從之門人趙士超等四人講習
吟咏如常、而遂共見殺、念臺及南都亡、拒人
勸、以世無逃生之宰相、亦豈有逃死之御史
大夫哉、絶食二十三日、與門人問答如平時、
遂以卒、而其門人三十又五人、其間為忠臣、
為義士、為逆民、皆不負所學、而能光於門下
者也、而孫蘇門李二曲黃黎洲之三子、皆全
節丘園、不受奴兒官職、嗚呼、此皆非良知之
餘澤哉、而何啻徐横山之具體、錢緒山之篤

信、王龍溪之精微、王心齋之超脱、聶雙江之
主靜、薛中離之精硏、其餘劉兩峰劉獅泉劉
晴川黃洛村何善山陳明水魏水洲冀闇齋
南瑞泉李彭山趙大洲董蘿石馮華亭等、皆
得良知之宗、有教化經濟文章節義之績、而
私淑之人、如徐存齋宋望之、受業聶雙江、尤
西川受業劉晴川、唐荊川受業王龍溪、羅近
溪受業王心齋、再傳顏山農、皆為當代之名
賢、而許孚遠鄧定宇陳蒙山萬思默胡廬山

鄧潛谷馮慕岡薛方山徐波石張宏山施忠
愍等、皆亦其私淑之傑出者也、而雖夫李見
羅止修之學、呂新吾呻吟之工、皆蘖出于此、
東林諸君之學、多亦導源於此、而奴兒胡虜
猖獗久矣、呑噬其種類、始見于神宗本紀萬
曆十一年夏五月矣、而清三朝實録曰、削平
諸部而統一之、軍威益振、始攻明、取遼東廣
寧諸部、則滅明之謀、不一朝一夕、即可見矣、
而陽明子年二十九時、嘗上陳言邊務疏、此

既豫恐夷狄奪中國、如金元之勢也、君相如用其策、則豈其奪國易易哉、以其不用之故、浸淫遂成金元之勢、而流賊王嘉允高迎祥起延綏、實崇禎元年矣、而魏忠賢黨喬應甲朱童蒙釀其禍、即載于史傳、又加之以劉懋裁驛站、盜賊飢民紛起、至不可救治、此西土之人皆所知也、况朝廷權歸内豎、懷奸固寵之徒、依附結納、擁蔽主明、嚴嵩父子濟惡、莊烈帝雖除之、而周延儒溫體仁懷私植黨、忠

邪倒置矣、自楊忠愍遭刑以來、天下名賢皆為閹人斃焉、於是元氣盡澌、國脉垂絶、欲不亡、得乎、然而士類各上不怨天、下不尤人、只盡忠彈劾、數年間防彼禦此、戰没之外、縊死投繯、入水、而賣降者更無多矣、與宋末大反者何也、此又豈非良知之教維持人心矣乎、噫、孰謂其致明季之喪亂哉、陸稼書等仕清而登顯職、尊朱學、實非尊之也、為抑王子良知之教而已、曷為抑王子良知之教耶、是清

君臣別有意在焉、識者當黙而識之矣、故稼書等只阿上之意、以終至於吐無誓之言、然非其本心、只以生死利害之心未脱也、非可嘆之甚乎、且龍溪心齋近溪末流之弊雖固多、然以之不可少焉、在孔門傳其正宗者、顏曾二人而已耳、子夏子路等之再傳、皆有弊焉、以之罪子夏子路等則不亦刻乎、故吾恕二王與羅之三子、以此也、然學者要真修之工夫、則不可無龍溪之精微心齋之超脱、與

近溪之無我也、龍溪四無之說、雖見譏於中人以下、而上根宿學何嘗不同心矣哉、心齋雖世以禪貶之、事親孝、尊師篤、薄爵祿、明性理、陽明子初見之時、退謂門人曰、吾擒宸濠無少動、今却為斯人動、此真學聖人者也、而雖史言心齋讀書止孝經論語大學、然而為儒者冠冕、則僻陋學究、豈可輕議哉、何為不見其王道論乎、其明周公之法制、即可見矣、然則可概曰禪哉、近溪雖是亦有禪之毀、皆

俗學左袒之論、而非公正之議也、袁中郎曰、至於學道之人、曉得幾句之道理、行得幾件之好事、其憤世嫉俗尤甚、此處極微極細、最難拔除、若能打倒自家身子、安心與世俗人一樣、非上根宿學不能也、此意自孔老後、惟陽明近溪庶幾近之、然則其無我之氣象、超卓乎諸儒而可見矣、嗚呼、良知者、聖學之真訣也、因致之之難、乃為病焉、為弊焉、是故學者不可恃良知之固有、而實用致之之功於

日用應酬、至讀書講武凡百瑣屑之事、則道德功業、必逮古人矣、否則雖看破萬卷、歸游談無根而已矣、亦何益於君父之有、

凡百八十條

洗心洞劄記上終

洗心洞劄記下

中齋先生著　　松本乾知　點
門人　松浦誠之
但馬守約　校

自性善上行道來者、不論高下精粗、堯舜孔孟之血脈也、自情欲上為惡來者、不論小大淺淺、桀紂莽操之苗裔也、外粧點仁義而衷包藏功利、以道問學、以從事世務者、便是霸者之奴隸也、億兆雖不可勝算、人品要不出乎

此三等、吁、欲為人者、擇不行之焉、得知、而閱史者、亦以之觀當時之人之心術行事、則了了然、

清孫蘇門黃黎洲李二曲三大儒之學、非獨從姚江來、毛西河施愚山朱竹坨諸老先生、皆亦姚江流派人也、世以其詩文著作之多、為非致良知之學矣、是皆不研究其書之誤也、故語之以牖子弟之蔽、

世俗方位之說、固非矣、然方位二字、非曲士杜

撰也、周官曰、惟王建國、辨方正位、即是其濫
觴歟、然其辨之與正者、非所謂鬼門星宿之
事、鬼門星宿之事、於聖經無見、則不足取也、
雖不足取、譏事土木宮室之事、則非道也、雖
非道則無災、君子決不為也、而辨之與正、如
周公之制、則雖有災、君子必為之也、
薛敬軒先生曰、太極乃未分之五性、五性乃已
分之太極、天下之萬善、皆自此出、是真見道
之言、故簡易直截、而此字專指太極可也、何

者、五性萬善、要皆從一活潑潑出来、
柳子厚晋文公問守原議、桐葉封弟辯等之文、
解得道理綿密、宋儒之論議、大抵發揮之来、
其人雖劣於韓、其文與之抗衡、良有以哉、
毛西河先生曰、良知出孟子、原無可疑、特文成
提此直從堯舜孔孟之學、與宋學相反處、揭
此二字、不特文成得領要、優入聖域、且化苗
有驗、實則有功萬世者、西河推尊陽明先生
即如此、而其致良知以誠意之學、私淑之高

笠先生、終有了悟焉、於其證文知本等之書
可見矣、只其謂與宋學相反之一語、乃過激
也、程朱何曾廢良知、學人平心讀其遺書文
集、則可見往往説出焉也、只非如陽明先生
事事説之耳、然則奚相反之有、故學貴乎平
心講之、
胡敬齋先生曰、陳公甫亦窺見些道理、因下面
無循序工夫、故遂成空見、此責中材已下之
事、而責大賢則不可也、凡大贊一了百了、然

苛責之、亦如督課諸生兒輩、是乃後儒所以
泥而驅上根之人、以關走於禪門之竇也歟、
噫、
毛西河先生詩曰、天門相望楚江秋、采石磯邊
舊酒樓、醉裏乘潮牽纜上、不疑江水向東流、
觀此詩、當知先生深乎理學也、
刀拙乎切木、而鋸巧乎切木、鋸難乎殺人、而刀
易乎殺人、故器各有適於用、不適於用、則雖
利器、猶如鈍、是故聖人器使也、

呂新吾先生曰古人名望相近則相得今人名望相近則相妬呼其相妬也以有一點利心也一點利心使碩學鴻儒化為妾婦態則其亦可恐者也故童穉入學時令去其心惟是教者之責耳惟是學者之工耳而文字咿唔其餘事也

自後天而視之則似理與氣當分在先天固無理氣之可分矣慎獨復性便是先天之學而猶以理氣為二可乎故終身不能復性以此也

子謂伯魚曰女為周南召南矣乎人而不為周南召南其猶正牆面而立也歟是其意非註釋之所可及故三復朱註修身齊家之說不能得其要也而父之教子以此聖人之外未嘗聞也

或問陽明先生亦明言太虛有乎曰有語錄曰聖人只是還他良知的本色更不著些子意在良知之虛便是天之太虛良知之無便是太虛之無形日月風雷山川民物凡有貌象形色皆在太虛無形中發用流行未嘗作得天的障礙聖人只是順其良知之發用天地萬物俱在我良知的發用流行中何嘗又有一物超於良知之外能作得障礙此豈非道太虛乎吾太虛之說皆亦祖述此來而張子之太虛無復異之也人如無欲則獨自了悟焉否則必有疑類于老佛者不辨而可也

問讀書然後致良知乎曰否讀書便是致良知也

二氏雖異端其設教意則固亦長善消惡也已矣故其說合道者間有之然猶以異端不取其合道者則非狹隘乎善哉鄒東廓先生之說曰吾儒之教若三間正堂聖聖相傳灑掃以為世業聖人不作而堂無祖矣老氏入其左角指天畫地曰此吾之堂也釋氏入其右角指天畫地曰此吾之堂也於是堂中之人眩然迷亂而不知其真後之儒者欲恢復聖

人之道、則亦入居中堂、洒掃以復其舊可矣、乃劃其左以歸老、劃其右以歸釋、而聖人之堂遂決裂而不完、蓋二氏之言、其合道者、固吾儒之道也、至於拂經而畔道、則以所居之偏、無以履大中、而由至正焉耳、而槩指言以為老釋之道、雖其合道者、一切禁忌、若相汚染、然是劃吾地、棄吾兵糧、借盜而助之攻也、嗚呼、先生之說、公正瀾大、非親炙陽明先生、而心歸乎太虛、其卓見奚至乎此哉、

言貌之文而已、則君子不親信、而有情與誠、則雖無言貌之文、必親信之也、况其見於言貌乎、呂新吾先生曰、情不足而文之以言、其言不可親也、誠不足而文之以貌、其貌不足信也、是以天下之事貴真、真不容掩、而見之言貌、其可親可信也夫、吁、是言也、知人鑑也、

理與時與勢、皆上之所為也、豈天云乎哉、而漢文雖明君、謙讓於大臣、而不用識者之言、益乎世、則使理與時與勢全任乎天、而以不自任者也、其治效與三王不同、蓋在此矣、而以贊稱乎世、則亦猶如士不志於聖學、而媚於世以無非刺者也、故陸象山先生謂之鄉愿、是非無見、而世儒驚其說之出于意外、却貶先生譊譊然立說、嗟夫、是亦鄉愿也哉、

歐陽公再論按察官吏狀畧曰、不材之人、為害深於贓吏、國家之法、除贓吏因民告發者乃行之、其他不材之人、大者壞州、小者壞縣、皆明知而不問、臣謂凡贓吏、多是強黠之人、所

取在於豪富、或不及貧弱、不材之人、不能馭下、雖其一身不能乞取、而恣其羣下共行誅剝、更無貧富、皆被其殃、為害至深、縱而不問、故臣尤欲盡取老病繆懦者、與贓吏一例黜之、審如是、則澆季恐至於官無人、吏亦無人矣、故公雖執政之時、不能汰之如此也、嗚呼、勢所在、豈但公、抑雖聖人亦無奈之何、

藉用白茅、事不苟也、再斯可矣、決行之也、事不苟與決行之廢一、則大事不成矣、

孔子不悅於魯衛、遭宋桓司馬將要而殺之、微服而過宋、夫孔子之聖、而魯衛不用、桓司馬殺之、實不知其何謂也、然而推尋之人情、則只羣小畏其是非之公焉耳、故乃至此矣、況吾輩學聖人、一任良知、以公是非、如狂者、則其人禍殆有不可測者焉、雖然徒怖人禍、終昧是非之心、固丈夫之所恥、而何面目見聖人于地下哉、故我亦從吾志已矣、

柔佞狡詐、皆是賊良知之蠹也、加之以學力、則不啻賊己之良知、亦蠹了人人之良知也、

朱子與陳同甫書曰、然去義利雙行、王霸並用之說、而從事於懲忿窒慾遷善改過之事、粹然以醇儒之道自律、則豈獨免於人道之禍、而所以培壅本根、澄源正本、為異時發揮事業之地者、益光大而高明矣、吾意者義利雙行、王霸並用之事、陳氏特擧於口舌而已、而其心則亦庶幾歸乎道、而從朱子學者、蔡氏父子、及黃李數子之外、雖皆稱道學、恐未能免其裏面有義利雙行、王霸並用之實也、豈非彼善乎此耶、然則朱子所論、非但醫陳氏之陽病、卻亦砭其徒之陰病也、吾輩表裏不合一、心口不同符、故亦當反觀內省、而去其病、粹然以醇儒之道自律、則庶乎弛先賢之憂患矣、

周官大司寇之職、以五刑糾萬民、故野無惰農、軍無怯兵、鄉無惡人、官無貪者、國無暴客、此成周之所以治而強之一端也、而至漢唐有糾暴之刑、而其餘四刑、與上愿之法、索然盡矣、而欲國之富強、不可得、何況三代之治乎、

博識而叛道、雄辯而悖理、則傷風害俗、此少正卯所以不免乎孔子之誅也、而至春秋戰國閒、不知少正卯為幾多、以唯無一聖人、各逞其技、馳其才、駭衆惑愚、終開李斯之殘暴、而邪正俱阬焉、故李斯之大惡赫然乎宇宙、雖黃口小兒、既能知之、其儒者之有罪、誰能知之、如聖人而居於李斯之位、則必教之令改、

教之而不改者、則正其罪焉、安比而虐之、如
斯之殘暴哉、然如正卯者、決不能免誅也、嗚
呼、後輩徒知語往昔之事、而不知其身卻為
正卯之學者亦愚也、故學者真立志、以行道
踐理、扶風正俗、而一助乎政道、則雖虎狼不
能噬之、而況人乎、否則亦殆乎哉、

臨利害生死之境、真不起趨避之心、則未至五
十乃知天命也、而動其心以趨避者、則雖百
歲老人、實憂生焉耳、此等命之知不知、固無

論矣、是故人不可以不早知天命也、

養生家節飲食省思慮、以不破五臟之心、學者
不節飲食、不省思慮、以破五臟之心者間有
之、而猶自謂盡心乎、學者愚矣、而曾養生家
不知也、是無他、實未知心為何物故也、

冉子之說道者、良知也、力不足者、氣習累心也
故不能致其良知也、然畫而不進、則心不安
也、其所以不安者、良知也、夫子以畫一言喚
醒冉子、亦只指點其良知耳、

澹臺滅明行不由徑、雖迂心安、心安即率良知
也、如行由徑、則雖捷心不安、心不安即欺良
知也、公事則至於其室、非公事則不至於其
室、良知之是非分別如此、子游取斯人、亦致
其好善之良知也、

閔子其脫了禍福生死者矣乎、有禹稷伊周之
才者矣乎、吾何以見之、觀善為我辭焉之十
有七字、以知其心之所養、與其才之所畜也、

質勝文者、雖不事多聞多見、而良知不失乎內、

猶如石中火、特未顯於用耳、故曰野、文勝質
者、嘗不信良知、而博識意見、只馳於外、猶如
燧原火、既失本體矣、故曰史、若夫從事精一
執中之學者、則不失良知於內、而致之於事
事物物、發皆中節矣、雖不欲彬彬得乎、故曰
君子、

晴夜起仰觀天文、乃知古聖賢文章有法而參
錯爛燦明白神奇者、咸則這箇來、

顧亭林欲矯心學之弊、終以程子所云之孔門

傳授心法、為借用釋氏之言、不無可酌、而又
引唐仁卿答人書所謂心學二字六經孔孟
所不道之語、以竄逐心學於禪學、是推其意、
全悉陽明先生良知之學、而波及程子者也、
嗟夫寃哉、而亭林雖獨厭心學如此、古大儒
皆由此入賢聖域、則亦奚疑哉、後進如惑亭
林之說、廢心以讀書窮理、則其所學特訓詁
文字之末耳、豈聖學也哉、故今乃試舉大儒
心學之說、以證之、而破後進之惑矣、明道程

子曰、聖人千言萬語、只是欲人將已放之心
約之使反覆入身來、自能尋向上去、下學而
上達也、伊川程子曰、學本是治心、豈有反為
心害、此皆學以心為主、非心學而何、朱子曰、
自古聖賢皆以心地為本、又曰、孟子說學問
之道無他、求其放心而已矣、此是為學第一
義、又曰、為學之道、聖經賢傳所以告人者、已
竭盡而無餘、不過欲人存此一心、使自家身
有主宰、又曰、今日學者不長進、只是心不在

焉、又曰、古人只去心上理會、至去治天下、皆
自心中流、又曰、人心者、人欲也、道心者、天理
也、天理人欲、與他劈做兩片、自然分曉、堯舜
禹所傳心法、只此四句、此亦學以心為主、非
心學而何、眞西山先生曰、大舜十六字、開萬
世心學之源、後之聖賢更相授受、雖若不同、
然大要教人守道心之正、而遏人心之流耳、
此明言心學二字也、陽明先生曰、君子之學、
惟求得其心、雖至於位天地育萬物、未有出

於吾心之外也、王龍溪先生曰、夫千古聖人
之學、心學也、太極者、心之極也、而至毛西河
先生、解得心學尤明快痛切、其文之略曰、心
學是眞聖學、毋論道心惟微十六字之傳始
于堯舜、即孔子曰、操則存、操此心也、大學曰、
正心、孟子曰、存其心、又曰、求其放心、皆專治
此心也、故曾子一貫之學、秖是一恕、無非心
學、張南士曰、心學不是禪學、天不生佛時、先
生此心、佛法未入中國時、已早有存心養性

之學、令懼其類禪而去此心何可、夫儒佛之不類多矣、鬚髮不類、家室居處都不類、然猶相類者、此人心耳、若人與禽獸則絕無一類者、然而虎狼父子、蜂蟻君臣、忠孝之心、偶亦相同、萬一攻心學者、惟恐類禽獸而併此忠孝之心一齊去之、是禽獸不若也、二王毛氏之說、皆亦明心學之奧也、由是觀之、則聖學之要、讀書之訣、只求放心而已矣、只正心而已矣、此外更無學矣、亦奚足疑哉、

橫渠先生曰、人多言安於貧賤、其實只是計窮力屈才短、不能營畫耳、若稍動得、恐未肯安之、須是誠知義理之樂於利欲也乃能、是可謂洞見假道學者之情矣、而味動字物觸乎我所嗜與我所餒則以固非虛體為之所動、而淪溺亦為塵俗、自古至今、其人不少、故吾輩宜真樂義理、以實忘利欲矣、否則未可知動者到乎前、而安貧賤其自若焉也、

伊川先生曰、多權者害誠、好功者害義、取名者賊心、是吾逆耳之言、而療心病之良藥也、而令一誠復焉、則義在其中、而心亦正矣、嗚呼、一箇誠不可害、是聖學之要也、

致良知之學、不但不欺人、先毋自欺也、而其功夫自屋漏來、戒慎與恐懼、不可須臾遺之也、一旦豁然見天理乎心、即人欲氷釋凍解矣、於是當知洒脫之妙無超乎此者、而世人欺人自欺、是為習俗、父之養子、子之事父、君之使臣、臣之事君亦於是、自夫婦長幼朋友、至

師弟之教學、莫皆不然矣、故遷語之致良知之事、則有駭而走者、有惡而仇者、有嘲而棄者、有笑而避者、有以桎梏視之者、有以縲絏比之者、故良知之學亡乎天下而不傳、只其不傳也、人亦不得躋於聖賢之域、而皆擾擾乎夢生醉死之塲、豈非可悲乎、若有先覺者、犯萬死不得不疾告也、嗚呼、當後之世、先覺者抑誰歟、吾未見其人也、噫、

自口耳之虛、至五臟方寸之虛、皆是太虛之虛

也、而太虛之靈、盡萃乎五臟方寸之虛、便是
仁義禮智之所家焉也、其所家焉之仁義禮
智、即太虛所循環之春夏秋冬也焉耳、由是
觀之、則仁義禮智、與春夏秋冬異而同、故昔
人曰、人者天也、天者人也、夫子所謂天何言
哉、四時行焉、百物生焉、天何言哉、是將天言
人德也、然則曰天者人也人者天也、不亦理
乎、

方寸之虛、與太虛不可刻不通也、如隅而不通

焉、則非生人也、何者、今以物塞乎口中、即方
寸之虛閉、而呼吸絶矣、忽為死人、故方寸之
虛、不可刻不通於太虛也、是無他、以太虛即
心之本體故也、亦何疑也哉、

要置身於安焉、即人情也、然任其情、則不可與
入於道矣、

聖人即有言之太虛、太虛即不言之聖人、

孔子謂仁、孟子謂仁義、兩箇仁字同而異矣、孟
子之仁者、在天即春也、孔子所謂仁也則其
貫四時之元也歟、而春氣亦其分散耳、然而
孟子單舉仁、則與孔子之仁亦奚異哉、推之
理、則聖賢所單舉之仁、即良知也已矣、三子
之去也、奴也、死也、孔子乃以從其心之所安、
以全其德、總謂之仁、然則良知之是非取舍、
非仁而何、吾故斷曰、仁即良知、學者依之學、
則庶乎不違焉、

太虛容世界、世界容於太虛、而物千變萬化、未
嘗能障礙於太虛、則聖人之心量無累、於是

乎可見矣、

方寸之虛、與口耳之虛本通一、而口耳之虛、即
亦與太虛通一、而無際焉、包括四海、含容宇
宙、不可捉捕者也、語大天下莫能載焉之義
甚分曉、不覺手舞足蹈、

太虛非空、即春夏秋冬之氣、元亨利貞之理、徧
布充满焉、而著乎物則雖愚夫婦之心眼、猶
視之而識之、未著於物則大人君子不敢道
眼見之、而黙而知焉耳、黙而知之理氣、則非

愚夫婦心眼之所及也、然則非空乎、曰、非空矣、去人欲復天理、然後始知是言之非妄也、伐則憂寀不穏、是乃功累心也、致良知則奚足誇區區功哉、如孟之反者、於奔而殿之一事、可謂不欺良知之大丈夫矣、故夫子取其勇而譲誇文章筆墨之小技者、宜見此章及註中謝氏之說以知恥矣、

孟子浩然之氣、於何處認識之、七篇中處處皆是也、而如見梁惠章尤彰彰焉、其千里而見梁惠、不亦勞乎、而答其利吾國之問、以何必曰利、亦有仁義而已矣之一語、遏他慾伸吾道、不肯顧其身之用不用、便是至大至剛也、便是浩然之氣也、又何認識之難之有、

王心齋先生之學者問放心難於求、先生呼之、即起而應、先生曰、而心見在、更何求心乎、此所謂光景上事、而其說固非也、若以應乎呼者、爲心見在、則今呼猫犬、亦應而起來、以此爲良心見在、可乎、是全知覺之知、而人獸一

般也、以其有此、謂何求心、故其弊至猖狂恣睢、不求良心之甚矣、先生之獲罪於王門、而受誹乎天下、只在此光景上事、所謂賢知之過高者也歟、

讀祝鮀章、嘆曰、春秋之世、好佞悅美、蓋當其時、大學之道既亡、而致知之教自癈矣、是故人人不知心神明爲何物、只觸氣隨意、好佞悅美而已、故祝鮀輩得志以行姦、而其爲君者、昏然爲其所欺罔、與無知之物一般、遂至於亡身以破家國、要之以不知其致良知也、後人如不知致良知、則祝鮀輩何世無之、恐爲他亦所欺罔、聖人載之言、不惟誡當時、爲天下萬世立言也、讀之者豈可忽哉、

出由戶、所謂日用而不知、是即皆從良知之自然、而不自知者也、莫由道者、氣拘物蔽、特不能致良知於日用酬酢之間焉耳、學以除了氣拘物蔽、則由斯道、而不能須臾離良知也、人至此與聖人一般矣、

歐陽南野先生曰、載籍者已往之師友、師友者、見在之載籍、其用一也、然人往往樂獨學於載籍、而不樂共學於朋友、何不察其故哉、朋友規切、則人已相形、情偽將無所容、而勝心為之牴牾、載籍則其人已往、或得緣附立見、而勝心無所拂逆、故凡學載籍而無朋友之助、鮮不錮於勝心而流於自用、多識以畜德者其無以取友為本也哉、此只讀書而忽友者之鍼藥也、學者不可不求於益友也、而益

友不常有、誤取不如已者、則反損已德、損已德、則不若友載籍也、而載籍四書六經、及宋元明清大儒遺書之外、亦庶乎損友、故不雜覽之、便是不失心之一端也哉、

曉行忽值雨、而無蓑笠、頭項迄手脚盡濕、是時心為之動、即方寸之虛亦復濕也、不動則與太虛之不濕乃一般、因此又悟入水不濡之理、

荀子性惡之説、當之于情、則不易之論、而當之于性、則不脗合也、此無他、他只看陰陽、而未見太極故也、

從陰陽上做者、天下皆是也、而從太極上做者、惟是聖賢已矣、而雖常人、看破方寸之虛、則出彼入此、蓋亦不難歟、

曉行聞寺鐘、又聞村雞、乃告所從之弟子曰、夫鐘之鳴、以其虛乎中、其遠響乃喚醒家家睡人、而雞自其口咽通于心、即亦虛也、故有聲以告時夜、如兩非有虛、則無響與聲矣、故人

亦不塞於方寸之虛、即無不感通於事物也、儞輩學者學此也、問者問此也、思者思此也、辨者辨此也、行者行此也、而人欲去、全歸乎太虛、則其妙不可言述也、奚啻鐘與雞之類也哉、

閉眼反觀之、則方寸之虛亦春夏秋冬焉耳、開眼放觀之、則天之太虛亦仁義禮智焉耳、天人合一無疑矣、

不知障乎兩、而到於與人所納處、便是知命也、

如先卜將雨而不到焉、便是不知命也、夫君子之云命者、非卜筮及世俗所云之命者也、體道者而後能知之、

虛亦有人為之虛、與天成之虛之別、人為之虛者、即宮室空豁之類也、天成之虛者、即人物心口之類也、人為之虛乃不靈、而天成之虛皆含其靈、而人受之以最秀者也、然人有欲、則天成之虛反為不靈、而人為之虛則以本不有心、容物無終始焉、而要皆是太虛之分

散也、故無欲則天成之虛、其靈乃如神、而人為之虛、容物如此、則虛之德豈非貴乎、

心歸乎太虛、然後實理始存焉、不歸乎太虛、則實理埋沒了、與物不異、夫人而與物不異、可恥之甚者也、擧世不恥之、則其靈將何在哉、

師弟之相得者、必有所肖焉、不有所肖而相得者、未之有也、顏子之仁、孔子亦有之、子路之勇、孔子亦有之、子貢之敏、孔子亦有之、其餘諸子之德、孔子皆亦有之、故雖顛沛流離之間、未敢去之也、而邢和叔之於程子、程子未嘗有其邪黠、王純甫之於陽明子、陽明子未嘗有其薄惡、故二子終去程王、而墜其學與德、萬世猶貶之、要以其不有所肖、乃至於此、豈非可惜乎、然為師者教其肖者、而辯其不肖者而可矣、否則損乎道、損乎道、則聖賢辯其君而行、而況師之於弟子乎、

或問人之生也直之義、曰、良知知孝弟之是、而不孝不弟之非、知仁義之是、而不仁不義之

非、是即無聖凡一也、故人之生也直、而人隨長不能克己、自欺其良知、而不得致之、故罔焉、罔則非人也、而免於刑戮、以全身而生、此豈非幸民乎、在先王世、則決不可免於鄉八刑、雖欲為幸民得乎、故孔子所以有幸而免之嘆也歟、

漢末佛法入中國、有所由來焉、董子對策曰、誅名而不察實、為善者不必免、而犯惡者未必刑也、是以百官皆飾虛辭、而不顧實、外有事

君之禮、內有背上之心、造僞飾詐、趣利亡恥
呼、此乃佛之所由入焉乎、此乃天堂地獄之
所由起乎、然則非佛氏自入中國、而中國故
招佛而來也、歐陽公本論乘其闕廢之說、是
矣、
下等之人、緣師友之資、强為善者、譬如捧滿盂
水者、心手微動、則不流洩于左、必流洩于右、
不流洩于前、必流洩于後、是故宜自存臨深
履薄之念於內、而師友父兄、常用扶醉漢之

勞於外、則庶幾免於左右前後之流洩矣、
明德者、知之本量也、不明明德而行仁行義、則
仁而不仁、義而不義、而罔且殆矣、譬如搜陳
列之器於闇室中、雖有色色在焉、以無燈燭
故、不能執得之、設執得之、不能斷知其所期
乎否乎、疑焉惑焉、如照燭而擇之、則亦何難
之有、是以人不可不明明德、德明則衆善皆
擧矣、而其功則在致知格物誠意正心修身
也、噫、氣習深者、不用百倍之功而望其明、則

遂亦歸乎自棄自暴矣、
大學首章、明字、親字、止字、皆自責之功也、如改
親字作新字、則不自責而責之於人、責之於
人、則非大學之本旨也、而新屬彼、屬彼者、雖
聖人無如之何、堯舜聖人也、明堯子之明德、
而丹朱商均終身不肖、而不肯新、禹明瞽父
之明德、而鯀終乎方命圮族、而不肯新、周公
明友愛兄弟之明德、而管叔蔡叔謀不軌、危
社稷、以傷骨肉、而不肯新、孔氏三世明男女

居室之明德、而皆出妻、則其室各必犯七出、
而不肯新、諸葛武侯明忠之明德事後主、後
主終乎庸愚、而不肯新、以是觀之、則雖聖賢
不能盡新之、故作新字無味、而吾道窮矣、故
曰、非大學之本旨也、如親字則尤有味、而實
兼教養意、吾惟堯舜親其子、而終不傳天下
於丹朱商均、以傳之舜禹、是即真教養之至、
豈非明親之至善者乎、禹親其父、而雖殛死、
舜不嫌其為罪人之子、擧之以令治水土、遂

退子授之天子之位、而未聞正不新其父之罪也、然則禹之大孝與舜同德、在此不在彼可知矣、周公傳刃於管叔蔡叔之身者、非明明德之極功、不能為如此之舉、而天下之人民皆亦恬然不疑、而稱安社稷之大功、則平時敎養之誠感天動地、斷可知矣、孔氏之於室武矦之於君、皆亦然矣、雖各不新、誰敢謂其德之不明哉、故只為子則明孝之明德親父、而止於至善、為臣則明忠之明德親君、而止於至善、不責新不新於君父、而責親之功夫於己、則盡心盡性之大學閫也、而彼新亦在其中矣、故瞽瞍夫婦及象烝烝乂、不格姦、雖皆如新、要自舜親民之苦功上化焉來、於乎、為禪門驅賢智高明之君子者、改親作新、惟是崇也、何者、賢智高明之人、學大學之道、則欲必踐其言以行之、豈如浮薄之徒、從事訓詁誦讀、以句釋章解、而無躬行心得哉、故明其明德、欲新其父之舊染宿態、而父自若

不新、欲新其子之舊染宿態、而子自若不新、君臣也、夫婦也、兄弟也、亦復然、雖然賢智高明之人、求仁利仁、故猶不欲跡之、夜以繼日、思新之之功、攻苦疲勞、而其終乎不新、則與吾德實如氷炭黑白、於是乎不得不起潔己躬之念、故割父子君臣夫婦兄弟之恩與義、髡首換衣、趨於禪門、學色空之道、其累始脫然矣、而不知其身陷乎夷敎、豈非可悲乎、若夫浮薄之徒、則雖讀書知理、固無意躬行、以是糊其口而已、故只曰親民誤而新民是也、而心無定見、要不得免於勦同之腐也、請試躬行之、乃其親新之是非、斷然明白矣、只所幸陽明子以親民為是、猶釋之曰、兼敎養意、而高明之君子、始得五帝三王之學脉焉、由是學則雖不趨於禪門、央無心累矣、故不離大倫而離、離而不離、得行道于其閒、豈非聖門之大功哉、豈非人閒之大幸哉、

親字、父母之雙稱、而義甚重矣、夫父母之於子

也、唯其疾之憂心誠求之、雖不中不遠矣、皆
實心愛子之誠、而非假擬議安排然也、然而
子之養父母、臣之仕君、婦之順夫、弟之敬兄、
君之使民、有欲則彼此相隔、不能如痛癢饑
寒切乎身、皆是不仁、而無父母之心者也、如
真致良知、則亦惟其疾之憂心誠求之之外、
更無道矣、而雖存厚薄輕重於親疎遠近之
間、要天下皆歸吾仁也、故陽明子曰、親民仁
民也、人如能體貼之、則親字決不可依新字、
是乃可默識矣、可心悟矣、

韓昌黎曰、名之所存、謗之所歸也、夫有實德而
有其譽、有實行而有其聲、則奚謗之招、如云
爾則無實德而有其譽、無實行而有其聲者
也、謗之至、不亦宜乎、故許魯齋曰、無實而得
譽、可乎、大譽則大毀至、小譽則小毀至、必然
之理也、惟聖賢得譽、則無所可毀、大名之下
難處、在聖賢則異於是、無於難處者、無實而
得名、故難處名美罷也、造物者忌多取、非忌

多取、忌夫無實而得名者、韓子學文而窺道
者、故其言如彼、許子理學名儒、故其言如此、
有虛名者、宜鑒韓子言以避之、無實名者、須
憤許子言以立之、

或問女為君子儒之義、曰、註所引程子曰、君子
儒為己、小人儒為人之說、既解得了、而為己
者、即明明德也、明明德、即致良知、而自慊者
也、為人者、徒求人知、而無實得、便是欺良知、
又欺世者也、故雖儒要歸乎小人矣、吾輩千

歲下讀此語、悚汗沾身、因想像子夏聽聖師
此語時、其心何如、必如不能容於身者矣、

陽明先生曰、嗚呼、知致知則存乎心悟、致知盡
焉矣、夫良知不可遠、為道也屢遷、變動不居、
周流六虛、上下无常、剛柔相易、不可為典要、
唯變所適、故良知即易、易即良知、無一事不
易、無一事不良知、故雖經禮三百曲禮三千
之繁、只盡了致知二字、姑以曲禮中一事道
之、僕御婦人、則進左手、後右手、御國君、則進

右手後左手而俯、一進左手、一進右手、其條理節文、孰令之活動哉、宜三思之、

太虛卽實理實氣充塞滿布而有形之類、雖不虛乎中者、亦皆有至虛之存焉、見草木可知、水清則魚樂、泥濁加焉則魚病、氣純則人榮、逆沴加焉則人疫、因覺人在氣中、猶魚在水之說、

樹生於平地者、易大而榮茂、生於石間者、難大而憔悴、此豈非命哉、自古士之有類此者、其

人如君子、則雖知命以不慍、而傍觀者不可不為之一悲一憤也、故孔子曰、臧文仲其竊位者歟、知柳下惠之賢、而不與立也、

語小天下莫能破焉之義、善講易說卦、則甚今晩、而脫畧顛異之人、以其為木果、為吝嗇、為蕃鮮、為多白眼、為盜、為科上槁、為狗、為鼠、為口舌、為毀折之猥瑣、不屑治之、而不知道之寓焉也、然若夫全泥象數、遺大以鑿之者、則其去道甚遠矣、何足論、

陸稼書以呂晩村駁王門之四言教、為功聖門、而又曰、以工夫言之、則無兩種、以道理言之、則有高下矣、異端於工夫偏欲分兩種、于道理卻不分高下、此說非也、子路問聞斯行諸、子曰、有父兄在、如之何其聞斯行之、冉求問聞斯行諸、子曰、聞斯行之、子路雖聞以不行為工夫、冉求以聞便行為工夫、聖門之工夫、明明有兩種如此、而全屬之異端可乎、程子曰、聖人之道、更無精粗、從洒掃應對、與精義

入神貫通、只一理、聖門之道理、明明不有高下如此、而全屬之異端可乎、夫呂陸二子、以明朱學為功、攻王氏為勉、故不顧理之是非、不忌事之有無、強辨剛辭至此、固陋者信其說、而大人君子如孫湯、則皆慨嘆而已矣、

莊子曰、子之愛親命也、不可解於心、臣之事君、義也、無所逃於天地間、此似儒者之語、而如非異端空寂者之所言也、故昔人曰、莊子與老子同而異、孔子異而同、然其不可解者、固

不學不慮之良知、而無所逃之情、乃出乎勉
強、其於君臣之義、未分曉、即可見矣、是所以
其異端而非儒也矣、
明亡矣、来舶來易經註釋之敘次、大率朱子本
義先程子傳、程子傳後朱子本義、是即師弟
遂坐父子倒行者也、吁、清人貴數而不貴理
之情可見矣、而貴數之弊、乃至於遺棄君父、
而不趨其難矣、貴理則君臣之義、父子之恩、
不可與解於心、是以不忍遺棄、而不食非類

之腐敗者必出焉、故他貴數而不貴理、不亦
宜乎、然學人要不背於羲文周孔之聖旨、則
宜貴理而不道數矣、貴理而不道數、則宜先
治程傳、然後讀朱義也、此非特不背四聖人
之旨、雖朱子亦必冀是者也矣、
清朝之學者、多不貴良知、非他、是阿上之所惡
而已矣、上之所惡、亦非他、良知即孝弟而已
矣、士人如真盡孝弟之心、則其害乎己有不
可勝言者、惡之以此也、吁、非勢乎、

教人者、不法於聖賢所教之規、而漫爾施之、則
賢與不肖才與不才、混雜而不能各自得也
不能各自得、則無益於身心矣、無益於身心、
則不如不教之為愈也、故孟子曰、君子之所
以教者五、有如時雨化之者、有成德者、有達
材者、有答問者、有私淑艾者、此五者、君子之
所以教也、教者以此為法、則庶幾焉、而有斯
德為教者天下鮮矣、故子弟之成德達材者、
未之聞也、吁、悲夫、

或問知之者不如好之者章之義、曰、人不失赤
子之心、則良知純粹清明、故知了孝弟仁義
之道、以好之、好之以行之、行之以樂之、總一
齊了、非嘗有等級也、譬之飲食、知之即食、食
即嗜、嗜即飽、亦何等級之有、然而學者大抵
失赤子之心、故雖知知之者、不能真致其知、
故不好之、何況至於樂之乎、終與飲食不同
也、故夫子分別知與好與樂言、是蓋慨嘆人
不復知行合一之本體也、

或問梁惠王曰寡人之於國也章之義曰惠王
之盡心與後章盡其心者知其性也之盡心
字同而旨異如不先辨之而解一章之義則
費無數之言語而天理人欲終不能分曉也
夫惠王之盡心即盡人心者也人心便是人
欲而不仁也惠王好戰之心乃人欲中尤不
仁者也盡人欲中尤不仁之心而轉遷飢民
以計較其多少要欲肥己一身而極獨樂者
也與盜賊之心奚以異哉是故縱靡爛其民

驅子弟以殉之是皆自盡其人心上來然則
盡人心不可不斷絕也聖賢之盡心即盡道
心者也道心便是天理而仁也直率天理則
事父孝事兄弟推其孝弟之心於一國則一
國之人服其教化而入孝出弟卒至於五十
衣帛七十食肉頒白不負戴之仁化而又魚
鼈草木之微莫不浴其恩波焉是皆自盡道
心上來然則盡道心不可不勉強也而盡人
心之驗乃如彼盡道心之効即如此嗟夫初

纔岐源於一心而致治亂於國家實如霄壤
孟子以王道諄諄告齊梁之君不以此乎後
之人不愼獨洗心而徒盡心云則大抵盡其
人心危也者以為是而道心之微日淪胥以
亡矣而猶誇世曰我善盡吾心不亦左乎
梁惠王曰寡人之於國也盡心焉耳矣觀其焉
耳矣三字則惠王自以為十分盡其善心之
意驥然可見矣孔子曰已矣乎吾未見能見
其過而內自訟者也惠王之謂也然人有勝

心客氣各以意見功詐為道者亦是後世之
惠王也豈可獨笑他哉思之則書之精一學
庸之愼獨不可須臾缺也
讀大學惡於上章曰上下前後左右姑就一身
言之則首者上足者下腹者前背者後左手
者左右手者右心為中央矣而心便是首足
腹背手臂之為主也故傷首則心誠惡之然
未嘗欲移之于足傷足則心誠惡之然未嘗
欲移之于首傷腹則心誠惡之而未嘗欲移

之于背傷背則心誠惡之而未嘗欲移之于腹傷左手則心誠惡之而未嘗欲移之于右手傷右手則心誠惡之而未嘗欲移之于左手是卽吾心之仁也聖人以天地萬物爲一體其視人物猶如吾首足腹背手臂故人物之病痛卽我病痛也是以吾心之所惡者不肯一毫施乎人是之謂以天地萬物爲一體也後之學者亦只學復吾一體之仁而已矣如其工夫致良知之外更無學可講也陽明

子曰惡於上知毋使於下致知也豈不信然乎

董子曰道之大原出於天此一語蓋眞儒之言也故朱子取之以入於中庸首章之註內而其道也者性命也性命卽存乎方寸之心而其原則在於天之太虛故學而歸乎天之太虛此是聖學之極功也董子之學繼思孟以此也嗚呼大哉

董子曰正其誼不計其利明其道不計其功宋大儒范內翰祖禹每莊誦之謂人曰君子行己立朝當如此若夫成功則天也而朱子亦採之以書於其小學以揭於白鹿洞學則故膾炙人口幾百年於茲而其正誼明道之訓何口之者多而躬行之者少也究其所以然非他以只有計功計利之慾也而中人以下不能至無斯慾也然眞志於學者則不可不先去斯慾也去斯慾之功夫亦只當其義也不顧其身之禍福生死而果敢行之當其道

也不問其事之成敗利鈍而公正履之則其慾日薄而道義終爲家常茶飯矣此非虛言在漢諸葛武侯在唐二顏在宋文謝在明劉黃是皆以道義爲茶飯者也學者如亦至此則庶幾酬江都紫陽二子所貽於後人之意焉

諸葛武侯誡子書曰夫君子之行靜以修身儉以養德非澹薄無以明志非寧靜無以致遠夫學欲靜也才欲學也非學無以廣才非靜

無以成學、慆慢則不能研精、險躁則不能理性、年與時馳、意與日去、遂成枯落、多不接世、悲守窮廬、將復何及、竊卽公此書、與公行事以考之、則當知公之學直從大學上來、而孔曾思孟之血脉也、其曰修身、曰養德、曰明志、曰致遠、曰廣才、曰成學、曰研精、曰理性、皆是內求之功、而非外求也、而以四箇靜字一貫之、則與大學定靜之旨同一也、故公之修身、養德、明志、致遠、廣才、成學、研精、理性、諸內求

之功、不獨自靜中得、雖如出草廬佐先主、討巨賊、興漢業、上出師表、以泣鬼神、以已死身而走司馬之鴻勲異功、皆又這靜之影焉耳、其王佐之才而非霸者之徒、於是焉可見矣、然則靜也者、豈非萬事之大頭腦耶、故周子曰、聖人定之以中正仁義、而主靜、此必根大學與公此書來、故昔儒謂先儒之言理學者、未有不取乎靜者也、則武侯所謂靜以修身、非靜無以成學、實發前聖之所未發、啟後賢

之所欲啓、豈非理學之正宗歟、吾亦以爲然、嗚呼、靜之所以靜、則非言詮之所可及也、以周子所謂無欲體貼之、則庶乎見其髣髴歟、

文中子曰、天地之中、非他也、人也、問仁、曰、五常之始也、問性、曰、五常之本也、問道、曰、五常一也、吾惟天地之中、卽太虛之德也、忖之人方寸之心、而方寸之心含乎太虛之德焉、故曰、天地之中非他也人也、此乃實見之言、而仁也、性也、道也、雖異名、要皆其德已矣、故人欲

全天地之中、則亦奚他求哉、只致其良知、率性以行道、則仁熟而心歸乎太虛矣、學者至此亦聖乎、

韓子曰、博愛之謂仁、行而宜之之謂義、由是而之焉之謂道、得於己無待於外之謂德、仁與義爲定名、道與德爲虛位、夫人心之仁、在天爲春、禮該在其中、故不別謂禮、人心之義、在天爲秋、智該在其中、故不別謂智、然則人心之仁義禮智、卽天之春夏秋冬也、而人有意

慾則仁義亡矣、而去意慾則仁義無恙、而存乎方寸心、其踐之乎外也、則人道之常、故謂之道、蘊之乎内也、則天命之貴、故謂之德、要非歸乎太虛者、安能得保其仁義道德之全美也哉、故韓子繼此文曰、堯以是傳之舜、舜以是傳之禹、禹以是傳之湯、湯以是傳之文武周公、文武周公傳之孔子、孔子傳之孟軻云、夫八聖一賢其氣為浩然、則孟子既與太虛一也、天生德於予也、則孔子固太虛也、狼

跋其胡、載疐其尾、公孫碩膚、赤舄几几、雖遭流言之禍、嘗不以此為心累、則周公亦固太虛也、文武禹湯堯舜不言而皆其為太虛可知矣、昔人謂韓子學文以見道、然其識既至此、則庶乎聖學之嫡傳血脉者也歟、

范文正公曰、易曰、閑邪存其誠、孔子曰、思無邪、則是人之治身、以誠為本、而所戒者、以邪為急、蓋正心誠意而存乎正、則動作舉錯無非正也、充於四體、發於面目、可以望而知其為

正人也、苟不正心誠意而存乎邪、則形容動作亦皆不正、充於四體、發於面目、可以望而知其為邪人也、至於國之興亡、亦以正與不正、況於人乎、嗚呼、公兼文武之材德、建出將入相之勳業、此其炳燿乎史籍矣、朱子稱之為第一流人物、宜也、而其材德勳業、總之不外一誠也、而其誠也從中庸得來、又授之橫渠先生、橫渠由是終開太虛之宗、則公之學其所淵源、不亦深乎、

邵子曰、天向一中分造化、人從心上起經綸、一即心也、心即一也、非外春夏秋冬、別有所謂造化者也、非外仁義禮智、更有所謂經綸者也、由是觀之、則天與人皆自内發出焉、而非自外襲取来而後出者也、學者於是當知天人合一之道矣、

周子曰、孟子曰、養心莫善於寡欲、其為人也寡欲、雖有不存焉者寡矣、其為人也多欲、雖有存焉者寡矣、予謂養心不止於寡焉而存耳、

蓋寡焉以至於無、無則誠立明通、誠立賢也、明通聖也、是聖賢非性生、必養心而至之、養心之善、有大焉如此、存乎其人而已、三復周子此語、則太極圖說、定之以中正仁義而主靜立人極之義、莫加此、何者養心以至於無、即無欲也、無欲即靜也、誠立明通、則仁義皆是其事實耳、是故非誠明之外、別有中正仁義也、而為聖賢、則其心既歸乎太虛、太虛即無極之謂也、無極即亦人極也、是故非聖賢之外、別有人極也、由是觀之、則太極圖說、統括皆在此語中矣、故人志於聖學者、以至於無為的、而下實功、則雖不能為元公人品、又必立乎明道伊川之下風矣、如得立乎明道伊川之下風、則與龜山上蔡等即為儔匹矣、然則孰與彼欲路上之大英雄、欲路上大英雄、雖得志於一時、而流醜於千歲、毀父母之名、踰禽獸之為、雖三尺童子、切齒於其惡矣、而無欲上之人者、雖龜山上蔡、或從祀廟庭、

或祭饗鄉賢、雖困身於一時、輝德於萬世、而為扶植綱常之主焉、令名及其父母矣、而況明道伊川乎、而況元公乎、愚夫婦固無論矣、眼知一丁者、宜擇焉立志、以為無欲上之人、而世目之為迂、然推諸古今、質之天地、則誠智而非迂矣、其為此言者、眞愚而已矣、亦奚足比數也、嗚呼、無欲、聖功矣哉、

周子曰、惟人也、得其秀而最靈、形既生矣、神發知矣、五性感動、而善惡分、萬事出矣、陽明先生所謂良知之本體、即此靈之謂也、其所謂致知之知、乃靈之用、而即此神發知之謂也、其所謂衆理具而萬事出、即此五性感動、而善惡分、萬事出之謂也、而陽明先生之學、總從心上流出來、而非從外借來者也、即與周子之學同一宗也、故王弇州曰、陽明直指心訣、以上合周程之說、黃石齋曰、陽明全是濂溪學問、嗚呼、二子之言、公正不易之確論也、

周子曰、誠者、聖人之本、大哉乾元、萬物資始、誠

之源也、乾道變化、各正性命、誠斯正焉、純正至善者也、故曰、一陰一陽之謂道、繼之者善也、成之者性也、元亨誠之通、利貞誠之復、大哉易也、性命之源乎、又曰、聖誠而已矣、誠五常之本、百行之源也、靜無而動有、至正而明達也、五常百行非誠非也、邪暗塞也、故誠則無事矣、至易而行難、果而確、無難焉、故曰、一日克己復禮、天下歸仁焉、又曰、誠無為、幾善惡、又曰、寂然不動者、誠也、感而通者、神也、動

而未形有無之間者、幾也、誠精故明、神應故妙、幾微故幽焉、誠神幾曰聖人、謹考之、周子雖天成、而其學合易與學庸、以至乎誠矣、故此誠字終為其本領、而此非獨周子為然、古聖人皆亦然矣、故曰、誠者聖人之本、又曰、聖誠而已矣、而此非獨古聖人為然、天亦然矣、故曰、乾元萬物資始、誠之源也、嗚呼、天也、古聖人也、周子也、以誠為體焉、故萬物皆出乎太虛之誠也、五常百行皆出乎聖賢太虛之

誠也、是故無賢愚、志於學、則斷以是為準的、則行於康莊大道上之人、而非踏於邪徑曲路者也、而其成不成亦命也已矣、君子不云命、只以義為主、則以誠為準的、義莫大焉、陽明先生曰、大學之要、誠意而已矣、以此也、而程朱居敬窮理之工、要亦歸乎誠而已矣、豈有他哉、而其學者靜坐、其子陽辟讀書、不知其勤惰、或放著冊子上、不知治心之工、是皆其末學之弊也、程朱之學而安有之哉、故陽

潜菴先生曰、宋儒言主敬、陽明恐學者過於執著呆守一敬字、反是不敬、故教人只提醒良知、吾謂不昏良知者、敬也、敬之所不執著者、良知也、要以歸乎誠為準的、而問學則曰主敬亦可也、曰致良知亦可也、否則博學浩闊、卽門外乞兒也、反觀內省、卽葱嶺髡徒也、豈曰學於道哉、

周子曰、明不至則疑生、明無疑也、又曰、聖人之道、至公而已矣、或曰、何謂也、曰、天地至公而

已矣、謹考之、無欲則明矣、明則公矣、周子實踐之者也、分寧縣疑獄、周子一訊立辨、又吐殺人以媚人、吾不為之言、以忤長官、而活不當死之囚、此雖一官吏之事、其所出焉則皆天地公而已矣、嗚呼、無欲主靜之功、豈淺小云乎哉、

二程子曰、見聞之知、乃物交而知、非德性所知、德性所知、不待於聞見、又曰、聞見之知、非德性之知、德性所知、不假聞見、又曰、良知良能、

皆無所由、乃出於天、不係人、又曰、夜氣之所存者、良知也、良能也、苟擴而充之、化旦晝之所梏、為夜氣之所存、然後有以至於聖人也、程子所說四條之知、皆良知也、擴充之則至於聖人、非自陽明先生始、於此乎又可識矣、

二程子曰、天下善惡皆天理、謂之惡者、非本惡、但或過或不及、便如此、又曰、聖人即天地、天地中何物不有、天地豈嘗有心揀別善惡、一切涵容覆載、但處之有道爾、陽明子善惡只

一物之說、根二程子此語来也、而以善惡皆天理之說、語於儒者、儒者乃謂性即善也耳、以惡謂天理可乎、而必不信善惡皆天理之說、然悟天之太虛、則無可疑矣、如不悟太虛、則雖賢者猶駭而不信、故何足咎世儒哉、其但處之有道爾之六字、更有味、陽明子致良知、止在此處覷破了、

大程子曰、天人本無二、不必言合、只是一個誠、天地萬物鬼神本無二、謹按、程子之學、以誠

為主、敬其功也、然則從濂溪先生誠字來、是其嫡血也、故朱子曰、程子之學、以誠為本、而其謂天人無二、則人固天也、而天之為德、一誠而已矣、故人歸乎太虛、則亦只一誠而已矣、生天生地、成鬼成帝、皆是誠之德也、故程子又曰、天即性、性即心、所以生天生地、化育萬物、陽明先生亦曰、良知是造化的精靈、這些精靈、生天生地、成鬼成帝、皆從此出、真是與物無對、程王之說如合符、而陽明先生所

云良知即天之虚靈、其萬古不易而一者、即誠也、非有二也、

或問大程子、窮理智之事也、盡性仁之事也、至於命聖人之事也、曰、不然也、誠窮理、則性命皆在是、蓋立言之勢、不得不云爾也、程子又曰、窮理盡性以至於命三事一時並了、元無次序、不可將窮理作知之事、若實窮得理、則性命亦可了、又曰、窮理盡性以至於命一物也、又曰、致知但知止於至善、為人子止於孝、為人父止於慈之類、不須外面只務觀物理、泛然正如游騎無所歸也、又曰、知至則意誠、若有知而不誠者、皆知未至也、或又問盡心之道、豈謂有惻隱之心而盡乎惻隱、有羞惡之心而盡乎羞惡也哉、程子曰、盡則無不盡、苟一一而盡之、烏乎而能盡、程門之工夫簡易直截如此、而未嘗有支離之弊也、學者平心易氣見之、則與陽明子諸說如父子、有何血脉之異、

大程子曰、盡心知性、知之至也、知之至、則心即性、性即天、天即性、性即心、所以生天生地化育萬物、其次則存心養性以事天、謹按程子此說、蓋解孟子盡心章也、夫盡心知性、而至於生天生地化育萬物、則聖人之事、而決非學者分上之事、斷可知矣、然朱註以盡心首章屬下學、故陽明子答顧東橋書、辨之周悉矣、固與朱註牴牾、朱註又與程說齟齬、吾輩雖不能臆斷其是非也、然以程說為主、則陽明子之說、即本程說、而特敷衍焉耳、非其創說也、此等處學問大緊要也、故吾黨之學人、不可不知朱註之外、別有程說也、故舉程說說之如此、

大程子曰、知性即明生死之說、又曰、說心有感通、更說甚生死古今之別、又曰、死生存亡知所從來、胸中瑩然無疑、止此理耳、死之事、即生是也、更無別理、又曰、語默猶晝夜、晝夜猶生死、生死猶古今、此皆程子盡心盡性而所

以理會生死處也、吾嘗謂、未出息在內、即生也、既吹息出乎外、即死也、就身視之則生死何難知之有、此悟本承領程子之教誨來以得焉者也、

小程子曰、學者不可以不誠、不誠無以為善、不誠無以為君子、脩學不以誠則學雜、為事不以誠則事敗、自謀不以誠則是欺心而自棄其志、與人不以誠則是喪其德而增人之怨、今小道異端、亦必誠而後得、而況欲為君子者乎、由是觀之、則學問之道、一誠而已矣、

小程子曰、學也者使人求於內也、不求於內而求於外、非聖人之學也、何謂外、以文為主者是也、學也者使人求於本也、不求於本而求於末、非聖人之學也、何謂末、考詳畧採同異者是也、是二者皆無益於身、君子弗學也、程子此等之說、與陽明先生精一之學無異矣、學者宜平心以見之也、

小程子曰、一人之心、即天地之心、一物之理、即萬物之理、一日之運、即一歲之運、吾雖奉姚江致良知之教、以二程子之說為徵焉也、而於伊川先生此語、所賜甚不少矣、人如能了心性、則理與運亦心而已矣、非別物也、先生分別說之、為童蒙耳、

小程子曰、學者識得仁體、實得諸己、只要義理栽培、如求經義、皆栽培之意、又曰、學者全體此心、學雖未盡、若事物之來、不可不應、但隨分限應之、雖不中不遠矣、又曰、以書傳道、與口相傳、煞不相干、相見而言、因事而發明、則并意志一時傳了、書雖言多、其實不盡、又曰、世有以讀書為文為藝者、為文謂之藝猶之可也、讀書謂之藝、則求諸書者淺矣、此數語、自謂學程朱、而求諸書策、不求吾心者之長鍼也、

伊川先生涪州之行、乃其厄也、其渡江、中流船幾覆、舟中人皆號哭、先生獨正襟安坐如常、已而及岸、同舟有老父問曰、當危時、君獨無

怖色、何也、曰、心存誠敬耳、老父曰、心存誠敬、
固善、然不若無心、先生欲與之言、老父徑去
不顧、此事儒林文苑中舊說話、而在人口耳
既已腐爛矣、似宜不語焉者、然人遭其境則
孰無心寒股栗不失其度者哉、故雖在口耳
既已腐爛、又當温故而知新、是乃可謂善學
也、吾嘗尋繹先生存誠敬之旨、頗有一得矣、
常告子弟曰、彼老父必老莊釋列之徒、而精
其道者也歟、雖如說無心挫先生之答、然渠

似不識其誠之所以誠敬之所以敬者也、夫
吾儒之存誠敬者、則更無一點禍福生死之
念黏著於方寸、故其方寸乃與太虛一焉、是
即大無心也、而何無心及之、如非誠敬、而徒
無心、則雖入特枯木朽株焉耳、枯木朽株亦
能入水不沈、異端之不動心、大凡此類也、以
之徑與存誠敬之君子同視抗衡可耶、故先
生當危時無怖色、即心太虛、而與舜之烈風
雷雨弗迷一般、俱從存誠敬上來、嗚呼、誠敬

之義大矣哉、老莊釋列之徒、何足知之歟、其
後先生自涪還洛、容色鬚髮皆勝乎平昔、非
有佗術以致之、是亦誠敬之滋潤耳、思之則
勿以腐爛視之可也、爾輩勉旃勉旃、此非特
責子弟、予亦志乎是者也、壬辰之夏六月、予
以閑逸無事、發浪華至伏水、而之江州泛湖
以訪中江藤樹先生遺跡於小川村焉、小川
村在西江比良嶽北、先生我
邦姚江開宗也、謁其墓、想像其容儀道德、淚

墜沾臆、其書院雖存、而今無講先生之學者、
其門人之苗裔業醫者乃監守之、如守祧然、
予於是賦詩、詩曰、院畔古藤花盡時、泛湖來
拜昔賢碑、餘風有似比良雪、流滅無人致此
知、歸時於大溝港口復買舟、予與所從之門
生及家僮四人耳、更無同舟人、再泛湖南向
坂本、將還吾鄉、而自大溝至坂本、水程凡可
八里、此即我
邦里數、而非異朝之里數也、當異朝之里數、

則六十八九里矣、解纜結綃、既未申際、而日晴浪静、桑風只颯颯而已、至小松近傍、北風勃起、圍湖四山、各飛聲、而狂瀾逆浪、或如百千怒馬衝陣、或如數仭雪山崩前、他舟船皆既逃、而無一有其張帆至低三尺強、而乘其怒馬、踏其雪山、以直前勇往、如箭馳者、只是吾一舟而已矣、忽到鰐津、嘗聞鰐津雖平日無風時、回淵藍染、而盤渦谷轉、巨口大鱗之所游泳出没、乃湖中至険也、而況風波震激

時乎、推篷見氷面、則為所謂地裂天闕之勢、奇哉、颶風忽南北兩面吹而軋、故帆腹表裏饑飽不定、是以舟進而又退、退而又進、右傾則左昂、左傾則右昂、如踊如舞、飛沫濺濺入篷、侵淋實至危之秋也、舟子呼曰、他舟皆知幾、故避之、如其獨誤、不能前知焉、而乃至此、呼、命也哉、雖然無面目對客耳、吾察其言意似不免共葬魚腹之患、因却慰喩舟子曰、爾誤至此命也、則吾輩至此亦命矣、俱無如之

何、只任天而已、何足患哉、門生家僮、既如醉悪酒、頭痛眼眩、其心如慮覆溺者、雖予實以為死矣、故不得不起憂悔危懼之念、是時忽憶於藤樹書院所作無人致此知之句、心口相語曰、此即責其不致良知之人也、而我則起憂悔危懼之念、若不自責之、則待躬薄而責人却厚矣、非恕也、平生所學將何在、直呼起良知、則伊川先生存誠敬之言、亦一時并起來、因堅坐其飄動中、乃如對伊川陽明二

先生、主一無適、忘我之為我、何況狂瀾逆浪、不敢挂于心、故憂悔危懼之念、如湯之赴雪、立消滅無痕、自此凝然不動、而颶風亦自止、桑風依然送舟、終著坂本西岸、此豈非天乎、時夜既二更矣、門生家僮皆為回生之思、以互賀無恙、遂宿坂本、明早天晴、登天台山、盡四明之最高、而俯視東北、則乃湖也、疇昔所經歷之至險、皆入眼中、風浪静而遠邇朗實、一大圓鏡也、漁舟點點如臙子、帆檣數千、東

去西來易乎平地、以無可危懼者焉、於是門
生謂余曰、服憂悔危懼抑夢乎、亦天譴吾師
乎、余曰、否、非夢而眞境也、非天譴而金玉我
也、何者非逢其變、則焉窺得眞良知眞誠敬
哉、又焉得眞對伊川陽明兩先生哉、故曰、眞
境而非夢也、金玉我而非天譴也、然則福而
非禍也、賢輩亦毋徒追思憂悔危懼之事而
可也、無益于身心也、且賢輩盍復視夫城邑乎
其亦在袂履底、如蜂窩蟻垤者、富貴貧賤所

同棲也、故我則却得小魯之興、心廣而身裕、
眼豁而脚輕、賢輩亦宜共同是興味焉、於是
又賦詩、詩曰、四明不獨盡湖東、西眺洛城眼
界空、人家十萬塵喧絶、只聽一禽歌冷風、最高
（雖夏氣如秋末）胸中益灑濯、然覺無一點渣滓、因謂
吾輩纔即其境、呼起良知、存誠敬、猶且忘了
至險、而登嶽雖再顧萬死處、不心寒股慄、而
湛湛悠悠、却心得聖人同焉之興、而況如伊
川先生、通晝夜徹語默、存誠敬則其謂雖竟

蜂之事、只是如太虛中一點浮雲過目、實見
而非虛論、斷可知矣、因適記先生涪州之水
厄、遂又及余湖上之事、此非比焉而夸言也、
只欲俾人知致良知、即是爲誠敬、存誠敬則
良知照照然如日月、初無二致也、故詳述以
告同志焉、所從之門人、白履、松誠之、
張子曰、天地之塞吾其體、天地之帥吾其性、謹
按、西銘二百五十有三字之要、只在此二句、
而此二句之要亦止在塞帥體性之四字焉

而已矣、塞克塞乎兩間、而有形象者也、是即
太虛之用、帥太虛之神、而無形象者也、是即
有形之原也、故塞無帥、則庶乎息矣、帥無塞、
則無所施焉、要二而一也、然則塞帥非天地
之理氣耶、夫人物之體性、皆從天地之理氣
生來、本無二矣、猶與子從父母出來一般、故
曰、乾坤人物之大父母也、崇伯子也、穎封人
也、舜也、申生也、參也、伯奇也、皆善事其君父
而盡吾體性之德、以全大父母所賜之理氣

者也、其所賜之理氣、豈止昔人、雖今人及千
萬歲後之人皆具焉、學云者學此而已矣、
張子曰、太虛無形、氣之本體、其聚其散、變化之
客形爾、至靜無感、性之淵源、有識有知、物交
之客感爾、客感客形、與無感無形、惟盡性者
一之、謹案、張子正蒙道太虛自此始、太虛無
形至變化之客形爾、論太虛體用也、至靜無
感至物交之客感爾、論性情體用也、客感客
形至終、論聖人合理氣而一焉也、然則聖人

之心即太虛也、是故吾輩眞志聖功、則雖不
及、非無其願也、
張子曰、太虛不能無氣、氣不能不聚而為萬物、
萬物不能不散而為太虛、循是出入、是皆不得
已而然也、然則聖人盡道其間、兼體而不累
者、存神其至矣、彼語寂滅者、往而不反、徇生
執有者、物而不化、二者雖有閒矣、以言失道
則均焉、聚亦吾體、散亦吾體、知死之不亡者
可與言性矣、謹案、太虛也、氣也、萬物也、道也

神也、皆一物、而聚散之殊耳、要歸乎太虛之
變化也、故人存神以盡性、則雖散而死、其方
寸之虛、與太虛混一而同流、不朽不亡矣、人
如不失虛而至此、亦大矣盛矣、而老佛俱暗
道、故佛知散而不知聚、是知陰而不知陽者
也、老知聚而不知散、是知陽而不知陰者也、
各陷于一偏矣、豈可與聖人知陰而知陽、知
死而知生、同日而語哉、
張子曰、知虛空即氣、則有無隱顯、神化性命、通

一無二、顧聚散出入形不形、能推本所從來、
則深於易者也、又曰、懵者略知體虛空為性、
不知本天道為用、謹案、太虛之絪縕息吹者
氣也、此氣為千變萬化之根本也、然除太虛
則無氣、故外氣則無太虛亦可知矣、要虛與
氣不二者也、眞知其不二、則有非後無非先、
隱非體顯非用、神非幽化非跡、性非人命非
天、是乃心解矣、然則聚散出入形不形、皆其事
也、又奚疑、故曰、深於易者、如夫二氏、却不知

斯義、故雖畧知體虛空為性、未嘗有率仁義
禮智之性以行焉者也、而其仁義禮智、非他
即春夏秋冬也、春夏秋冬、即天道也、嗚呼聖
人之道、明體適用以此也、
張子曰、氣坱然太虛、升降飛揚、未嘗止息、易所
謂絪縕、莊生所謂生物以息相吹野馬者也、
此虛實動靜之機、陰陽剛柔之始、浮而上者
陽之清、降而下者陰之濁、其感遇聚散、為風
雨、為霜雪、萬品之流形、山川之融結、糟粕煨

燼、無非教也、謹案、此章論太虛二氣之變化、
而不及人也、然人體此理、則吾方寸便是這
太虛、而其虛實動靜、陰陽剛柔、皆亦自此活
出焉、其在天之風雨、在吾則號令恩澤也、在
天之霜雪、在吾則不得已之刑戮也、糟粕煨
燼無非教、則曲禮內則少儀之動作威儀、無
一不仁、故張子以禮教人、有所從來矣、與佛
老空虛所異、全在此也、
張子曰、由太虛有天之名、由氣化有道之名、合

虛與氣有性之名、合性與知覺有心之名、朱
子曰、本只是一箇太虛、漸細分得密爾、故心
性者、理氣而已矣、虛靈不昧、衆理具、萬事出、
與太虛一般、
張子曰、太虛者自然之道、行之要在思、故曰思
誠、又曰、誠者則實也、太虛者天之寔也、萬物
取足於太虛、人亦出於太虛、太虛者心之寔
也、又曰、天地之道、無非以至虛為實、人須於
虛中求出實、聖人虛之至、故擇其善自精、心

之不能虛者、有物榛礙、金鐵有時而腐、山嶽
有時而摧、凡有形之物即易壞、惟太虛無動
搖、故為至實、又曰、天地以虛為德、至善者虛
也、虛者、天地之祖、天地從虛中來、又曰、虛者
仁之原、忠恕者與仁俱生、禮義者仁之用、又
曰、敦厚虛靜、仁之本、敬和接物、仁之用、又曰、
虛心、然後能盡心、又曰、虛則生仁、仁在理以
成之、又曰、虛心則無外以為累、又曰、當以心
求天之虛、大人不失其赤子之心、赤子之心

今可知也、以其虛也、又曰、靜者善之本、虛者靜之本、靜猶對動、虛則至一、右十有一條、張子教人歸乎太虛之則也、而其靜也、赤子之心也、無累也、仁也、盡心也、自然也、敬和也、禮義也、忠恕也、至善也、實也、誠也、非自太虛出焉則雖善流於僞、故歸乎太虛、則皆其德也、帝王之政、聖賢之學、不外乎此、吾黨之學人、宜盡心焉者也、

張子曰、爲學大益、在自求變化氣質、不爾則皆爲人之弊、卒無所發明、不得見聖人之奧、張子獨能了悟太虛、然只自變化其氣質之驗實也已矣、此見二程、卽撤虎皮輟講此有客氣勝心者、而孰能之哉、其變化氣質之功夫、於是可推矣、故吾輩要見心之本體、所謂至善、所謂中、所謂太極者、則所障翳之氣質、宜先變化之、不然則徒學空談焉、竊得其一斑也、而呂東萊先生誦論語躬自厚章、忽覺平時忿懥渙然氷釋、元揚武子幼讀論語、至宰

予晝寢章、慨然有立志、由是終身非疾病未嘗偃臥之類、可謂皆能變化氣質矣、

司馬溫公曰、或問迂叟事神乎、曰、事神、或曰、何神之事、曰、事其心、或曰、其事之何如、曰、至簡矣、不黍稷、不犧牲、惟不欺之爲用、君子上戴天、下履地、中函心、雖欲欺之其得乎、又曰、迂叟事親無以踰人、能不欺而已矣、其事君亦然、以此觀之、則公之學術亦從大學愼獨上來、可知矣、而中函心之三字誠有味哉、夫心之神、非他、太虛一團靈氣、入人方寸者、孟子所謂良知也、其函者、蓋指之也、事之之實、只不欺其知而已矣、不欺其知、便是事天也、天卽人、人卽天、通一無二之義、公暗與閩閭諸賢共看破之、故積不欺獨知之實功、以至死妄誠一之地、事君父於是接僚屬教弟子於是、雖著書如通鑑、如書儀、皆從這一誠流出來、故後之看公書者、不知公之心學、而漫爾讀之、則好通鑑者、流蕩而不返、治書儀者、跼

蹐而不大至此則公之意荒矣吾人宜謹學
之其餘公之格物論三復之可也後儒駁論
者雖多然初學讀之而獲其意則大益于不
欺慎獨之學
司馬温公曰學者所以治心也學雖多而心不
治則安以學為又曰小人治迹君子治心夫
治心之義亦大學之第一義也程夫子有云
本朝醇而不雜者以公為首朱子曰温公可
謂知仁勇二大儒品評公如此亦只不出乎

其治心二字焉耳而公能治心故慎獨慎獨
故不欺而意誠也以此內齊家外治國天下
乃有實功矣豈如夫遺體事用之比哉且後
儒動以心學為禪然則公亦禪乎朱子小學
載公闢佛教之說垂教萬世則非禪坐可知
矣吾推究之以心學為禪者公所謂治迹者
之所發也公早既察之故有斯說非耶
謝上蔡先生曰他人安能陶鑄我我自有命若
信不及風吹草動便生恐懼憂喜又曰生本

無可好人之所以欲生者以欲也死本無可
惡人之所以惡死者亦以其欲也生求稱其
欲死懼失其欲憧憧天地之間無不以欲為
事而心學不傳矣先生程門之高第而與龜
山先生伯仲之間也自靜坐之工心得一死
生之超脫焉可謂豪傑之士矣
游定夫先生曰仁人心也則仁之為仁得其本
心而已且心之本體一而已矣非事事而為
之物物而變之又非積日累月而後可至也

一日反本復常則萬物一體無適而非仁矣
故曰一日克己復禮天下歸仁焉天下歸仁
取足於己而非有藉於外故曰為仁由己而
由人乎哉一日克己天下歸仁焉之解先生
及龜山先生迄姚江只一轍當知姚江之源
由伊洛以發洙泗矣
楊龜山先生曰知萬物皆備於我則數數雖多
反而求之於吾身可也故曰盡己之性則能
盡人物之性以己與人物無二故也先生謂

求之於吾身、則道非外求、可知矣、程門心傳
之工夫、本簡易皆如此、而後人以為類佛、却
為門外之工夫、非惑乎、
楊龜山先生曰、通天下一氣耳、合而生、盡而死、
凡有心知血氣之類、無物不然也、知合之非
來、盡之非往、則其生也浮漚、其死也氷釋、如
晝夜之常、無足悦戚者、先生此悟、全從正蒙
太虛一氣聚散之説來、易所謂原始反終、故
知死生之説者也、故其終身論道、無畏避因

循之態、程門上足高第、非斯人而誰歟、
楊龜山先生曰、學者讀書之法、以身體之、以心
驗之、從容默會於燕閒靜一之中、超然自得
於書言象意之外、又曰、自堯舜已前載籍未
具、世所有者、獨宓犧所畫八卦耳、當是之時、
聖賢如彼其多也、自孔子刪定繋作之後、更
秦歷漢、以迄于今、其書至不可勝記、人之所
資以為學者、宜易於古、然其間千數百季、求
一人如古之聖賢、卒不易得、何哉、豈道所傳

固不在於文字之多寡乎、夫堯舜禹皐陶、皆
稱若稽古、非無待於學也、其學果何以乎、由
是觀之、則聖賢之所以為聖賢、其用心必有
在矣、學者不可不察之也、右二條、程門相傳
讀書之訣也、前一條、乃陸象山先生所謂六
經皆我註脚之意、而龜山先生之言則温潤
矣、後一條、亦象山先生、所辨堯舜之前何書
可讀之旨、而龜山先生之語則優婉矣、要之
讀書則貴心得躬行、樂則伊傳、憂則顔閔、無

其志、則龜山象山二先生之言、皆不入耳、反
以仇之、世道之衰、豈非可悲乎、
羅豫章先生曰、周孔之心、使人明道、學者果能
明道、則周孔之心深自得之、三代人才、得周
孔之心、而明道者多、故視死生去就、如寒暑
晝夜之移、而忠義行之者易、至漢唐以經術
古文相尚、而失周孔之心、於是明道者寡、故
視死生去就、如萬鈞九鼎之重、而忠義行之
者難、嗚呼、學者所見自漢唐衰矣、先生所謂

周孔之心者、即太虛也、比屋及弟子、因其教
亦得其心、故其視死生去就如彼漢唐已來
名賢之外、大抵已私塞乎心、而心失虛矣、故
其視死生去就如此、然而治經為文、自聖賢
視之則謂何必為能言之鸚鵡矣、故聖學得
周孔之心之外、別無盡力者、而周孔之心、即
與人無二、然吾亦已私塞乎心了、讀先生言
汗濕背、赤發頰、嘗問於同志子等如何、
李延平先生始以書謁羅豫章先生畧曰、侗聞

之、天下有三本焉、父生之、師教之、君治之、闕
其一則本不立、古之聖賢莫不有師、七十二
子之徒得孔子而益明、孟氏之後、道失所傳、
其聚徒相傳授者、句讀文義而已、謂之熄焉
可也、惟先生服膺龜山之講席有年、况嘗及
伊川之門、得不傳之道於千五百歲之後、侗
之愚鄙、欲操袂箒以供掃除、幾年于茲矣、徒
以習舉子業、不得復役於門下、而今日拳拳
欲求教者、以謂所求有大於利祿也、道可以

治心、猶食之充飽、衣之禦寒也、人有迫於饑
寒之患者、皇皇焉為衣食之謀、造次顛沛未
始忘也、至於心之不治、有沒世不知慮、豈愛
心不若口體哉、弗思甚矣云云、玩味先生此
書、與龜山嘗見明道先生書同一意、而先生
之學之純粹正大可見矣、非其聚徒相傳授
者、句讀文義而已、與所求有大於利祿之卓
見焉、能足得伊洛淵源之味也哉、然人遽讀
之則駭而以為狂矣、何者周亡至漢名儒碩

學、林立於其朝、渢渢彬彬、姑就漢言之則儒
林自申公至瑕丘江凡七人、而劉叔賈馬亦
儒也、自揚何至房鳳凡二十有七人、而匡衡
楊雄等亦儒也、自劉昆至蔡玄凡四十有一
人、而馬融鄭玄等亦儒也、而又更三國歷六
朝隋唐、迄于宋、儒學不可勝記也、而先生抹
殺之以句讀文義、故曰人遽讀之駭而以為
狂矣、然其中除董仲舒王仲淹韓退之數公
之外、實不有見得其所謂道者也、終身放著

冊子文字上焉耳、先生豈欺我哉、而不能見得道、無他、利祿之念惟是蔽也、故雖胸富萬卷、而口吐錦繡、其志在此不在彼、則其所求、與顏閔背馳、總之以志在利祿、故從事句讀文義也、從事句讀文義、則求利祿也、相為首尾、而道之不傳、在此矣、先生本毫爽而改轍、求道于羅門、以歷龜山、溯伊洛、得千載不傳之道、而又授之紫陽、終為天下道統之梁脊、豈不亦偉乎、而後進以何窺得其道味、亦無

他、只從先生之教則必得焉、教者何、以治心之功易衣食之謀、則庶幾焉、

李延平先生論性曰、動靜真偽善惡皆對而言之、是世之所謂動靜真偽善惡、非性之所謂動靜真偽善惡也、惟求靜於未始有動之先、而性之靜可見矣、求真於未始有偽之先、而性之真可見矣、求善於未始有惡之先、而性之善可見矣、謹按性之靜、性之真、性之善、非在未發、而靜觀之則決不可見矣、若見得焉、

則先生常所云道也者乎、先生靜坐、驗夫喜怒哀樂未發以前氣象、以求所謂中、以此也、而先生因之終知天下之大本真在乎是、觸處洞然、泛應曲當、發必中節、事親孝、左右無違、其事見於諸書、則靜觀之効、非盛且大矣乎、且其教人亦曰、學問之道、不在多言、但默坐澄心、體認天理、若是雖一毫私欲之發、亦退聽矣、學者雖固不可不讀有用之書、而一向放奔、不知反求、則失了龜山門下相傳指

訣、則於道也益遠、何得歸乎太虛之本體也哉、爾則非獨浮屠氏笑、雖流俗人指議以為扮戲子、宜、故吾輩以所讀之經義、求諸身心可也、如靜坐之說、則在刮目中斯不贅、

李延平先生曰、讀書者、知其所言莫非吾事、而即吾身以求之、則凡聖賢所至、而吾所未至者、皆可知矣、若直以文字求之、悅其詞義、以資誦說、其不為玩物喪志者幾希、夫讀書則即吾身以求之、所以求之者、以吾心理載於

經藉故也、此是程門讀書之訣、先生每每為學者言、而末學只忽之、流蕩忘反、不玩物喪志者幾希、吾人須承其誠而奉其教矣、

朱子曰、太極只是一箇理字、謹按朱子以理字訓太極、吾人易甚解、是陽明先生所謂文義解得明當處、如何動得一字者也、夫理形而上無聲臭者、而所謂太虛也、太虛非空、是乃所以合元亨利貞春秋冬夏而一焉者、即是太極也、末學若只讀理實也之說、誤以理為有實形者則大惑也、非但誤己、大誤人、不可不知也、

朱子曰、只是一氣陽消處便是陰、不是陽退了、又別有箇陰生、朱子此陰陽消息之說、從程張來、而天地一氣而已矣、雖太極而駕之以運行賦與焉、即是二而一、知之則生死特其聚散進退耳、

朱子曰、宇宙之間、一理而已、天得之而為天、地得之而為地、而凡生於天地之間者、又各得之以為性、其張之為三綱、其紀之為五常、蓋皆此理之流行、無所適而不在、若其消息盈虛循環不已、則自未始有物之前、以至人消物盡之後、終則復始、始復有終、又未嘗有頃刻之或停也、謹案先儒說天地人物之終始、莫明晰於朱子此章、而又可見有人物消盡之期、而太虛之靈氣未嘗有一息也、張子曰、鬼神常不死、亦是意也、程子曰、堯舜知他幾千年、其心至今在、亦只是意也、

朱子曰、語斯道之本體、則謂之太極、語太極之流行、則謂之道、雖有二名、初無兩體、那箇滿山青黃碧綠、無非是這太極、是何等快活之談也耶、人若知那箇滿山青黃碧綠為太極之旨、則出門放觀亦道也、何但閉戶周旋鳶魚之間、而學道云乎哉、

朱子曰、中庸說天命之謂性、即此心也、率性之謂道、亦此心也、修道之謂教、亦此心也、以至於致中和、贊化育、亦只此心也、致知、即心知

也、格物、即心格也、克己、即心克也、又曰、一心
具萬理、能存心而後可以窮理、又曰、人心至
靈、千萬里之遠、千百世之上、一纔發念、便到
那裏、神妙如此、自旦至暮、只管展轉處於利
欲之中、都不知覺、此三條、初一條中庸大學
與論語之總解也、中一條、解孟子所謂君子
所以異於人者、以其存心也之義、終一條、說
論溺利欲者、不能知覺心之靈妙也、能觀之
則事事言言、都歸乎心矣、而不與陸子說分

毫異也、然陸子則其言常峻而已、如朱子則
溫而嚴、是性之所使然、而非人力所及也、而
朱陸異同之爭、起乎其門人之勝心、斯義也、
徐存齋黃石齋周巢軒魏愚山諸先生辨白
而盡矣、吾亦何贅、只吾輩不治旦暮展轉利
欲中、不知覺之聾聵、而雖自謂學朱子、朱子
之靈、決不受焉、雖自謂學陸子、陸子之靈亦
決不受焉、然則目之謂俗學之外無名號、吁、
可愧、又可悲、

朱子曰、學之一字、實兼致知力行而言、又曰、博
學審問愼思明辨篤行、皆學之事、又曰、學者
工夫、惟在居敬窮理二事、能窮理則居敬工
夫日益進、能居敬則窮理工夫日益密、又曰、
涵養中自有窮理工夫、窮其所養之理、窮理
中自有涵養工夫、養其所窮之理、兩項都不
相離、才見成兩處、便不得、又曰、既涵養又須
致知、既致知又須力行、亦須一時並了、非謂
今日涵養明日致知、後日力行也、又曰、窮理

且令有切己工夫、若只泛窮天下萬物之理、
不務切己、即遺書所謂遊騎無歸、就右六條
中、觀朱子所云之學也居敬也窮理也涵養
也致知也、則皆合一內外之道、而未嘗見有
其末學一偏之弊也、且如其曰兩項不相離、
才見成兩處便不得之與非謂今日涵養明
日致知、後日力行、及遺書所謂遊騎無歸、誠
親切叮嚀、為後人慮之也深矣、學者宜免兩
項相離成兩處、徒託窮物理、而如遊騎無歸

之罪、以報朱子之賜、是善學也、
朱子曰、以我觀書、處處得益、以書博我、釋卷而
茫然、又曰、讀聖賢之言、而不通於心、不有於
身、猶不免為書肆、況其所讀又非聖賢之書
哉、以此道人、乃欲望其教化行而風俗美、其
亦難矣、又曰、解釋文義、使各有指歸、正欲以
語道耳、不然則解釋文義、何為、又曰、讀書為
學、本以治心、今乃不唯不能治之、而乃使向
外奔馳、不得休息、以至於反為之害、是豈不

為迷惑之甚乎、又曰、聖賢心事、今只於紙上
看、如何見得、又曰、須反來就自家身上推究、
又曰、讀一句書、須體察這一句、我將來甚處
用得、又曰、讀大學、豈在他言語、正欲試驗之
於心如何、如好好色、惡惡臭、驗之吾心、果能
如此乎、閒居為不善、是果有此乎、一有不至、
則猛勇奮躍不已、必有長進、今不知如此書
自書、我自我、何益之有、又曰、自聖學不傳、為
士者、不知學之有本、而所以求於書、不越乎

記誦訓詁文詞之間、是以天下之書愈多、而
理愈昧、學者之事愈勤、而心愈放、詞章愈麗、
議論愈高、而其德業事功之實、愈無以逮乎
古人、又曰、觀書但當虛心平氣、以徐觀義理
之所在、如其可取、雖世俗庸人之言、有所不
廢、如其可疑、雖我傳以為聖賢之言、亦須更
加審擇、又曰、秦漢以來、道學不傳、儒者不知
反己潛心、而一以記覽誦說為事、是以有道
君子深以為憂、然亦未嘗遂以束書不讀、坐

談空妙、為可以徼幸於有聞也、又曰、為學而
不觀書、此固一偏之論、然近日又有一般學
問、廢經而治史、略王道而尊霸術、極論古今
興亡之變、而不察此心存亡之端、若祇如此
讀書、則又不若不讀之為愈也、況又中年精
力有限、與其汎觀而博取、不若熟讀而精思、
得尺吾尺得寸吾寸、始為不枉用功力耳、右十有
二條、乃朱子讀書為學之矩矱也、而可謂深
切丁寧矣、故人解之似甚易、而行之益難矣、

朱子沒後、其學者果以我觀書乎、抑以書博我乎、恐以書博我者多矣、然則雖口倡朱學而實則非其門外漢而何、讀聖賢之言、求之身心、而有意於教化風俗乎、恐雖讀之不通於心、不有於身、而外視教化風俗者亦多矣、以此類比書肆之誠、朱子既已言之、則非待薛文清胡敬齋而始聚也、解釋文義、繭絲牛毛、而語道以履之乎、恐語道以履之者不多矣、解釋文義何為之呵責、既起乎朱子、而不起乎陸王明明焉、讀書以治心乎、恐讀書不治心者十九、然則向外奔馳必矣、此亦不能免於朱子反為之害、與迷惑之甚之憂患也、於紙上尋行數墨而已乎、亦能見得聖賢心事乎、如不能見得聖賢心事、則非無面目對於朱子乎、就身上推究乎、不就身上推究、則謂朱學可乎、讀一句書體察之、以要顯諸用乎、非顯諸用、則與朱子生前之實功為胡越矣、讀大學、好善如好好色、惡惡如惡惡臭、驗

之吾心乎、閒居不善之有無、亦內省乎、工夫不到焉、則非朱子所謂書自書我自我者乎、猶以是謂學道乎、不知學之有本、而只求於書乎、只求於書、則記誦訓詁文詞而已、而其德業事功無逮乎古人之嘆、非外人之嘆、乃朱子長大息也、觀書果虛心平氣乎、雖庸人之言、愜義者則果容之乎、雖所傳有疑則加審擇乎、夫末學之弊、雖大人君子之言、如棄而土苴、則何敢容庸人之言、何敢審擇其所傳之疑者哉、然則與朱子公正寬弘之胸臆如氷炭黑白、然此而立門戶、非客氣勝心之祟乎、遺心以從事記覽誦說乎、束書不讀坐談空妙乎、前焉則流於卑陋、後焉則墮於釋老、朱學之弊似彼、陸學之弊似此、俱非聖學矣、是乃朱子之所恐、而陸子亦所慮也、縻經而治史乎、略王道而尊霸術乎、極論古今而不察心乎、況觀博取乎、若有此數之病、則陳同甫者流、而非程朱之子弟也、然借程朱之

名而陰襲同甫之學者比比有焉、此非朱門之罪人而何、嗚呼、吾引朱子之言、歷數末學之弊、豈有他哉、只恐後進終不能知朱學之本色、而善人之不殖于世焉、故云云、非誠意為學之人、孰能察識其心乎哉、

朱子曰、臣子無愛身自佚之理、又曰、論事秖當言其理之是非、不當計其事之利害、又曰、學者當常以志士不忘在溝壑為念、則道義重、而計較死生之念輕矣、又曰、令人遇小小之

利害、便生趨避計較之心、古人刀鋸在前、鼎鑊在後、視之如無物者、只緣見得這道理、不見那刀鋸鼎鑊、謹案、右四條所云、是即文公自實踐白鹿洞揭示明其道正其義之訓之事、而自其筮仕、以至屬纊、五十年間、歷仕四朝、仕於外者僅九考、立於朝者四十日而已、此豈非臣子無愛身自佚之理之實踐乎、提點江西刑獄、促装事、有要之於路、以正心誠意為上所厭聞、戒以勿言者、文公答曰、吾平

生所學、止此四字、敢回互而欺吾君乎、此豈非言其理而不計其利害之真修乎、文公家貧、故諸生自遠至者、豆飯藜羹、率與之共、往往稱貸於人以給用、非其道義、一介不取、是非以不忘在溝壑為念、孰晏如能之哉、奸人胡紘陳賈等希時相旨、紛起羣攻、誣道學以偽學、又以為逆黨、詔諭之天下、故攻道學者日急、選人余某者、上書乞斬文公、而文公講學不休、是非見得道理、不見那刀鋸鼎鑊者、

孰裕如處之哉、由是觀之、則可謂文公之志氣振乎百世之上、而興起於百世之下矣、如又讀其書而學其道、不能堪斯苦節者、豈師尊私淑焉云乎哉、宜乎、薛文清公曰、自朱子沒、而道之所寄、不越乎言語文辭之間、能因文辭而得朱子之心、學者許魯齋一人而已、是知言也、

陸子曰、古人皆是明實理、做實事、又曰、人無不知愛親敬兄、及為利欲所昏便不然、欲發明

其事、止被彼利欲昏處指出、便愛敬自在、此
是唐虞三代實學、與後世異處在此、謹按、陸
子此二條之說、至易至平、而如無見、吳草廬
先生所稱嘆、陸子辟立千仞之勢也、然子細
玩味、則壁立千仞之勢隱然乎其中矣、何則
明實理、做實事、雖至易至平、而愚夫婦之所
易知能、及其至也、聖人亦有所難焉、又其拈
出愛敬之良於利欲昏處、以喚醒愚夫婦乎
段、雖亦如至易至平、然遵斯道、將與唐虞三

代之聖人同神化、則非壁立千仞人所難企
及矣耶、若只採其語氣之峻逸奮迅者、以謂
之辟立千仞、則皮膚之論、而非真知陸子者
也、其因讀書至宇宙二字、解曰、四方上下曰
宇、往古來今曰宙、忽大省曰、元來無窮、人與
天地萬物、皆在無窮中者也、宇宙內事、乃己
分內事、己分內事、乃宇宙內事、東海有聖人
出焉、此心同也、此理同也、西海有聖人出焉、
此心同也、此理同也、南海北海有聖人出焉、

此心同也、此理同也、千萬世之上、至千百世
之下、有聖人出焉、則此心同也、此理同也、道
外無事、事外無道、道理只是眼前道理、雖見
到聖人田地、亦只是眼前道理等之諸說、雖
前古未發之言、既膾炙人口、而人今為厭聞、
是非言之罪也、人之罪也、然要見陸子之學
之純、則只在於明實理做實事、與拈出愛敬
之良於人欲昏處而已矣、自餘諸說、概其註
脚也夫、

陸子曰、學者須是打疊田地淨潔、然後令他奮
發植立、若田地不淨潔、則奮發植立不得、古
人為學即讀書、然後為學可見、然田地不淨
潔、亦讀書不得、若讀書則是假寇兵、資盜糧、
又曰、讀書固不可不曉文義、然只以曉文義
為是、只是兒童之學、須看意旨所在、又與黃
元吉書曰、道廣大、學之無窮、古人親師求友
之心、亦無有窮已、以夫子之聖、猶曰學不厭、
況在常人、其求師友之心、豈可不汲汲也、然

師友會聚、不可必得、有如未得會聚、則隨已
智識、隨已力量、親書冊、就事物、豈皆蒙然懵
然、略無毫髮開明處、曾子曰、尊其所聞則高
明、行其所知則光大、非欺人也、今元吉縱未
有聞所未聞、見所未見處、且隨前日所已聞
已知者、尊之行之、亦當隨分有日新處、莫未
至全然為實行也、學者未得親師友時、要當
隨分用力、隨分用力、隨分考察、使與汲汲求
師友之心不相妨害、乃為善也、此二者一有

偏勝、便入私小、即是不得其正、非徒無益、而
害之也、而有一後生、欲處郡庠、陸子又訓之
曰、一擇交、二隨身規矩、三讀古書論語之屬、
又曰、束書不觀、游談無根、又曰、後生看經書、
須著看註疏及先儒解釋、不然執己見議論、
恐入自是之域、便輕視古人、至漢唐間名臣
議論、反之吾心、有甚悖道處、亦須自家有徵
諸庶民而不繆底道理、然後別白言之、又與
朱道濟書云、讀書且精文義、分明事節、易曉

者優遊諷詠、使之浹洽、與日用相協、非但空
言虛說、則向者疑惑處、自當渙然氷釋、與邵
中孚書亦云、讀書訓詁既通、但平心讀之、或
有未通曉處、姑缺之無害、且以其明白昭晰
者、日加涵泳、自然日充日明、後日本原深厚、
則向來未曉者、將亦渙然氷釋、與曾宅之書
亦云、讀古書、且當於文義分明處、誦習觀省、
毋忽其為易曉、毋恃其為已曉、則久久當有
實得實益、至於可疑者、且當優游厭飫以俟

之、不可強探力索、後日於文義易曉處有進、
則所謂疑惑難曉者、往往渙然而自釋、今就
右數條觀之、則陸子讀書之法亦可見矣、其
尊德性云、而何嘗讀書之有、然止偏於書葉、
而不知心之正不正者、不為少矣、陸子之所
恐在此、而朱子之所患亦在此矣、是故朱子
雖以讀書講學為首功、又安不以尊德性為
教哉、吳草廬辨朱陸之學曰、朱子之教人也、
必先之讀書講學、陸子之教人也、必使真知

實踐讀書講學者固以為真知實踐之地真知實踐者亦必自讀書講學而入二師之為教一也而二家庸劣之門人各立標榜互相詆訾至于今學者猶惑甚矣道之無傳而人人易惑難曉也吳子此辨乃破的之論而決非調停之謂也然推陸子之意以德性為主本而問學則特為栽培灌溉之意亦不可掩也一條曰田地淨潔又曰假寇兵資盜糧二條曰只是見童之學三條曰求師友之心豈

可不汲汲也四條曰一擇交二隨身規矩此皆冠乎讀書然而五條曰東書不觀游談無根及爾後四條看經看註與看古書之云其未嘗空讀書之功於是又可見矣然而教人之道專主朱子亦不可專主陸子亦不可只主孔子然後盡善矣盡美矣何則人資質有聰明與質朴矣聰與明必自悟而入焉質與朴必自修而入焉故顏子聞一知十是非悟而何子夏之篤信非修而何顏子雖自悟入

焉而修之功夫終身不廢故亞聖矣子夏雖自修入焉而入室則必悟聖人之道故賢人矣因思後之教者不法孔子則必誤入矣令使自悟而入焉者必修而後學道則自生不屑之心使自修而入焉者必悟而後學道則亦起不及之嘆是非誤入乎雖然平準聰明之與質朴則彼少而此多矣然則流于讀書一偏者十之七宜哉朱子之教偏布乎天下而陸子之教有隱見焉然後之豪傑節義之

士多出於陽明子之門則此豈非陸子之餘澤乎且明亡清興出羣之才而倡朱學者皆多啓發於陽明子者也然而時之好惡攻王而擊陸終成一代風如陸清獻者其撰也然其太極論是全襲良知之說以欺者也故謂之陽朱陰王可也

陸子曰後世言寬仁者類出於姑息殊不知苟不出於文致而當其情是乃實仁也故吾嘗曰虞舜孔子之寬仁吾於四裔兩觀之間見

之、又曰、臨安四聖觀、六月間、傾城士女咸出
禱祠、或問何以致人歸鄉如此、答曰、只是賞
罰不明、陸子經世之才、見於此二條、昔人比
陸子於伊尹在莘時、而陽明子大功業、做出
子靜事功來云、是非無謂也、學者宜留心焉、
陽明先生語録曰、或問異端、先生曰、與愚夫愚
婦同的、是謂同德、與愚夫愚婦異的、是謂異
端、謹按、世以先生學為高妙、故謂之禪甚誤
也、能觀此語以學其道、則至淺至近、而何高

妙之與禪之有、所謂與愚夫婦同的何、是就
其夜氣愛親敬兄知善知惡之良心言也、其
良心、即與赤子一般、赤子之心、乃聖人之心
也、聖人特擴充焉耳、若夫囿於氣習物欲、而
不能擴充者、是乃愚夫婦之所以終乎愚夫
婦也、然良心以愚夫婦皆有、故聽伯夷之箴
則心皆是之、聽盜跖之侈、則口盡非之、故同
的者、只是此良心而已矣、良心者、良知也、故
外良知學則異端矣、聖人復起不必易斯言

矣、
陽明語録曰、一日市中閧而詬、甲曰、爾無天理、
乙曰、爾無天理、甲曰、爾欺心、乙曰、爾欺心、先
生聞之、呼弟子曰、聽之、夫夫諄諄講學也、弟
子曰、詬也、焉學、曰、汝不聞乎、曰天理、曰心、非
講學而何、曰既學矣、焉詬、曰、夫夫也惟知責
諸人、不知反諸己故也、又諭泰和楊茂（其人聾瘂、
自候門求見、先生以字問、茂以字答、）曰、爾口不能言是非、爾耳
不能聽是非、爾心還能知是非否、（答曰、知是非、）如

此爾口雖不如人、爾耳雖不如人、爾心還與
人一般、（茂時首肯拱謝、）大凡人只是此心、此心若能
存天理、是箇聖賢的心、口雖不能言、耳雖不
能聽、也是箇不能言不能聽的聖賢、心若不
存天理、是箇禽獸的心、口雖能言、耳雖能聽、
也只是箇能言能聽的禽獸、（茂時扣胸指天、）爾如今
於父母、但盡爾心的孝、於兄長、但盡爾心的
敬、於鄉黨鄰里宗族親戚、但盡爾心的謙和
恭順、見人怠慢、不要嗔怪、見人財利、不要貪

圖、但在裏面行儞那是的心、莫行儞那非的
心、縱使外面人說儞是、也不須聽、說儞不是、
也不須聽、（茂時肯綮歟、）儞口不能言是非、省了多
少閑是非、儞耳不能聽是非、省了多少閑是
非、凡說是非、便生是非、生煩惱、聽是非、便添
是非、添煩惱、儞口不能說、儞耳不能聽、省了
多少閑是非、省了多少閑煩惱、儞比別人到
快活自在了許多、（茂時扣首、指天誓地、）我如今教儞、但
終日行儞的心、不消口裏說、但終日聽儞的

心、不消耳裏聽、（茂時稽首再拜而已、）先生三十一歲嘗
移居西湖、往來南屏虎跑間、有僧禪坐三年、
不語不視、先生喝曰、這和尚終日口巴巴說
甚麽、終日眼睜睜看甚麽、僧驚起、先生問其
家、對曰、有母在、曰、起念否、對曰、不能不起念、
先生即指喚親本性諭之、僧涕泣拜謝、挈鉢
而歸、夫陽明先生之學、只止於中庸所謂語
大天下莫能載焉、語小天下莫能破焉二義
而已矣、故能一以貫之、豈如通於此而礙於

彼明於上而暗於下者也哉、而世以先生爲
庶乎禪、不獨在語大天下莫能載焉上爲然、
以又其有疑於語小天下莫能破焉之或不
管、故誣毀一至此、是故吾先畧其生天生地
等之說、只提右三條、以告子弟曰、雖陷溺於
慾海、頑劣不靈、如市儈、當其爭也、猶曰欺心
曰無天理、則良知照照然可見矣、其責人不
責己、特利欲障焉耳、先生拈其鬪爭中之良
心、以反喚醒講學諸君子、而又以字喻乞教

之聾瘂、使其自識認其心之良、而稽首再拜
以自得、而又問坐禪僧思母之念、使之涕泣
拜謝挈鉢而歸矣、其餘荅屬官之格物、聽父
子之訟、以令慟哭等之事義、既載于傳習錄、
則閱焉者必知之、此皆豈非愚夫婦同的之
學、而語小天下莫能破焉之眞修實驗矣乎、
子弟輩致心之良知、不怠則終俱得乎大小
莫載破之道矣、吁、區區浮論、何足辯哉、
陽明語錄曰、一友侍、眉間有憂思、先生顧謂他

友曰、良知固徹天徹地、近徹一身、人一身不爽、不須許大事、第頭上一髮下乖、渾身即為不快、此中那容得一物耶、先生又曰、某于良知之説、從百死千難中得來、非是容易見得到此、此本是學者究竟話頭、不得已與人一口説盡、但恐學者得之容易、只把做一種光景玩弄、孤負此知耳、謹按、先生良知、如易而難矣、如難而亦易矣、以前一條見之、則庶乎光景、故如易、然至不存一點于心、則實難矣、

王龍溪王心齋及羅近溪三先生之學、蓋自此而入焉、以後一條見之、則自實踐來、故難然甘難忍死、則事事無有妨礙、非易乎、錢緒山南瑞泉及羅念菴三先生之學、蓋自此而入焉、其末學雖各不無弊、要自其性近入、而握學脉、而立教立功、豈非先生之餘澤也哉、

陽明先生曰、唐虞以上之治、後世不可復也、略之可也、三代以下之治、後世不可法也、削之可也、惟三代之治可行、然而世之論三代者、不明其本、而徒事其末、則亦不可復矣、謹按、先生明體適用之大學問、於此又可知矣、何者、先生畧三代上下之治、而取三代之治、則其志在周官、斷可識矣、其曰三代之治而不曰周官、然予何以識其志在周官、周公思兼三王、夜以繼日、幸而得之云、則三代之禮樂刑政、統括皆在周官矣、故其指周官、益可信矣、其曰不明其本而徒事其末、則亦不可復矣、則誠意慎獨、豈不為其本矣乎、故外誠意

慎獨以行之、如藕令繹、未能令其民驩虞如、何況於皞皞如乎、而如王荊公、則特以富國之利心、假以行之、則其陷網民浚下之苛刻、宜矣、要皆不明其本而徒事其末之咎也耳、而如荊公欲免周官之罪人得乎、故凡欲起善政者、先宜慎獨誠意以明明德、而其本立于此、則親民之治功逐段擧矣、此非獨大學之工夫、雖周官之總要、亦只此而已矣、橫渠先生所謂使民相趨如骨肉、上之人如保赤

子謀人如己謀衆如家則民自信是贊周官田制之言而究竟歸乎大學誠意愼獨矣因可知大學周官其歸爲一也周官尊於昔大儒以此也我故每言大學之愼獨者即周官之崑崙岷山也周官者乃大學愼獨之江河也無崑崙岷山則焉有江河有用之水哉無江河則崑崙岷山鬱塞泉源終爲無用之汚也是故愼獨以明明德以親民則周官之良法善政皆明明德中之事而無別有周官之法度者也若別有之云則雖周官之良法善政亦是覇者之僞而已陽明先生不取三代以後之治蓋以與周官以愼獨爲本相反故也歟而先生每稱文中子以賢儒其意將何在焉不在其續經而在其尊周官矣文中子稱周官以爲王道極是夢寐欲行之又其言曰吾視千載而上聖人在上者未有若周公焉其道則一而經制大備後之爲政者有持循矣文中子所云其道則一者先生所云不

明本之本而即亦愼獨之獨也經制出乎愼獨便是王道而文中子所願矣先生亦所願也故吾謂先生指文中子以賢儒必在其尊周官矣而先生象祠記曰諸侯之卿命於天子蓋周官之制其殆倣於舜之封象歟以是觀之則一部周官融化于先生之胸中而其保甲之制大抵損益司徒之比閭族黨如練士行軍征勦苗夷平治宸濠則人皆以爲出于孫呉之餘智而不知其握夏官大司馬之法參伍錯綜以變化之而出于愼獨也嗟乎眞致良知之大學問者非偏滯拘迂者之所能窺也

湯潛菴先生曰聖賢義理載於五經四書而其要具於吾身若舍目前各人進修之實不以改過遷善爲務縱將注疏大全辨析毫釐與己緫無干渉聖學首重誠意自欺自慊皆在隱微獨知處勘證若徒彌縫形迹不實在心地打點即外面毫無破綻總是瞻前顧後義

襲而取苦力一生究竟成一鄉愿到對天質
人處心中多少愧怍我輩着實用力必期躬
行心得義利誠偽關頭不可一毫將就混過
此日勉强久之必有純熟景界陽明先生致
良知為聖學真脉各求所以致之之道勿忽
也嗚呼湯先生理學之名儒矣不信其言而
誰之信故口雖說良知不致之則非但叛湯
先生獲罪於王子矣獲罪於王子則是亦孔
孟之罪人也已矣

凡百三十九條　守約書

洗心洞劄記下終

劄記跋

同門友嘗刻吾師中齋先生劄記二卷于
家塾而今也將傳之於世其義則在先生
之自述而復命誠之等跋之誠之質鈍材
劣加之以不文何敢汚先生之書哉然親
炙師門凡十年矣先生之出處進退及其
學術之變化純熟見而知之者勿如誠之
等者故又不能讓之餘人也是以遂拜手
而跋曰嗚呼先生之嘗在仕路也勤愼廉

潔風節德威質諸天地神明而不愧者也
伉其術長以抑强救弱挫邪扶正雖人謂
過激然宿弊立袪積蠹直滅建功於明而
延化於幽盡忠於國而致孝於家身名兩
全不貪富貴榮寵而勇退矣較諸若水錢
公諸先輩何如哉人皆以為是出乎其天
資聰明果毅之决而未嘗知其在於學問
之力也夫先生嘗志學時海內儒風乃委
靡非訓詁即文詩躬行孝悌忠信以導後

進者未之有也故先生亦陥其窠臼久矣一旦讀古本大學而默識神了其誠意致知之旨矣實與陽明王子相契乎曠世之下異域之外者也非歟藤樹蕃山執齋三子之後其緒絶於本邦既百幾十年矣而先生獨悟焉則豈非亦繼不傳之學者矣乎藤樹之德行蕃山之才學執齋之篤信雖皆具王子之一體然闡明良知之奥則三子必當遜我先生二三步矣何者先

生雖向陥世儒之窠臼然六經四子及史乘之類靡不研究如關閩濂洛諸賢之源委尤爲淹貫而後百慮千計以購姚江諸子之書上自錢王黄陳歐鄒下迄明季清初之大儒皆以洪纖講磨非一朝一夕故得其微旨奥義固無論矣又洞看其瑕瑜病疵之所由在必深乎夫三子者也歟山陽賴翁寄先生詩曰號君當呼小陽明翁自以史居者也固知此非諛言矣故吾曰

仕路之民功勇退之隱操皆是得于學問之力也且先生常言曰不用掃意見情識之苦功而徒指常凡之發見攙意欲者而漫語良知者蓋泰州之王學而非越中之王學也故先生之學慎獨乎未發已前以痛掃意見情識之害良知者故其掘在歸乎太虚矣夫太虚則良知自然明也此是玅處非言語見解之所能及也劄記乃其致仕後所書而五倫五常迄經濟兵務文

學技藝之緊要莫盡不載焉然皆括之太虚矣括之太虚而有五倫五常經濟兵務文學技藝如此則豈佛也哉豈老也哉因誠之謹者之太虚良知一而已矣其公而無私處即太虚其靈而不昧處即良知而其所以不公不靈者皆失意見情識之欲蔽之也宜哉先生云云故吾人之於去其欲也猶礦之在冶璞之在攻也有變化氣質之義焉有一死生之義焉有去虚僞之

義焉而真反求即去之變化之一之而蔽之者盡散矣於是其公與靈乃全現焉猶金之出冶王之經攻而其精采光色固非外鑠者也斷無疑矣如不反求而徒以篤信而已則非善學也如誠之等者果能淂去虛僞否乎果能淂變化氣質否乎果能淂一死生否乎雖口之而不能躬之實叛乎師教而無益於師門矣嗚呼世之豪傑士聞先生之聲而未知其面與心者一閲

是書即必有不期而合不約而契如尤西川於王子者焉是誠之等所夢想而不敢一日忘于懷者也是誠之等所夢想而不敢一日忘于懷者也

于時

天保乙未夏四月　門人松浦誠之撰

跋

信疑毀譽仁人君子之所不免也然而信疑有眞有妄故毀譽有公有私明者必察焉識者必辨焉我中齋先生門人嘗刻先生之劄記先生藏之富嶽獻諸　勢廟以質其神而所以質其神之意與太史公藏名山亦不同矣故上自高官下至吏胥苟與政

教者則必呈且贈焉於是信先生者則譽曰是爲世也疑先生者則毀曰是爲名也然此則屬既往不辨而可今茲乙未之夏因書肆之請以示海内之士亦惟汲汲遑遑事於覺者也於是信先生者復譽曰是爲道也疑先生者復毀曰是爲利也嗟乎夫一信一疑一毀一譽翰未知其孰眞孰

妄孰公孰私也要之皆未必知先生者之言也夫固不足輕重先生矣先生之嘗在仕途也其清德廉行鞭撻苞苴家不納鬻獄錢海内之士識與不識皆能熟聞之然則至若夫俗論不容喙乎其間而清濁義利居然可見矣而今呶呶不已者何也此特為目先生以利之數者而發耳昔宋王元之嘗草李繼遷制送馬五十匹以備濡潤元之卻之及出守滁州閩人鄭褒徒步謁元之愛其儒雅乃別為買一馬或言買馬虧價者太宗曰彼能卻繼遷五十匹顧此肯虧價哉先生之鞭撻苞苴不納鬻獄錢如此而今自售書而貪細利則非卻五十匹而虧價者乎是理之所無也　幹在先生

之門僅一年于茲矣雖未能窺其室家之好然於其議先生者之言則幹嘗聞之久矣隨聞隨辨未肯讓他人焉故今於斯書之出也不得不復辨晰之也如夫論道之根柢與學之淵源則升堂者之責耳非幹之所敢當也然而於太虛良知之義既徹耳而存乎心唖子不能告苦李之味而獨自知之焉耳謹跋

天保乙未夏四月

門人　湯川幹撰

跋
無吏治學術佼人倡乎上而趨向者乃庸常也不與人倡乎上而奮挺振勵盡忠乎職傳道乎世者非豪傑不能也吾師中齋先生吏材類似趙廣漢而知憂愛物有或過之焉其理學乃源乎姚江而忌姚江者天下滔ゝ皆是矣先生嘗於人眼如罕時立毅身成仁之志以獨振乎吏摩把天下之至險建天下ゝ奇勲而身退矣身退而又將以斯文覺後覚也是故以其所獨得太虚良知之義乃爲ゝ書或授生徒或傳同志而今應書肆之請以遂公示諸當世之孝子忠臣仁人君子觀之以玩味則雖本忌姚江者當必有益至其志明其德者焉

然則天下不可無之書也嗚呼先生當無倡者時進不獨盡忠乎職雖退志在于後覚廼知此然則斯人非豪傑而誰為豪傑命乾知等跋其卷尾乾知適嬰病不能深思而綴文故總書是歲字以不逆命耳云

于時

天保六年乙未夏四月

門人　松本乾知撰

松本乾知

洗心洞劄記附錄抄目次

[illegible]

洗心洞劄記附録抄　二

[illegible]

洗心洞劄記附録抄　三

[illegible]

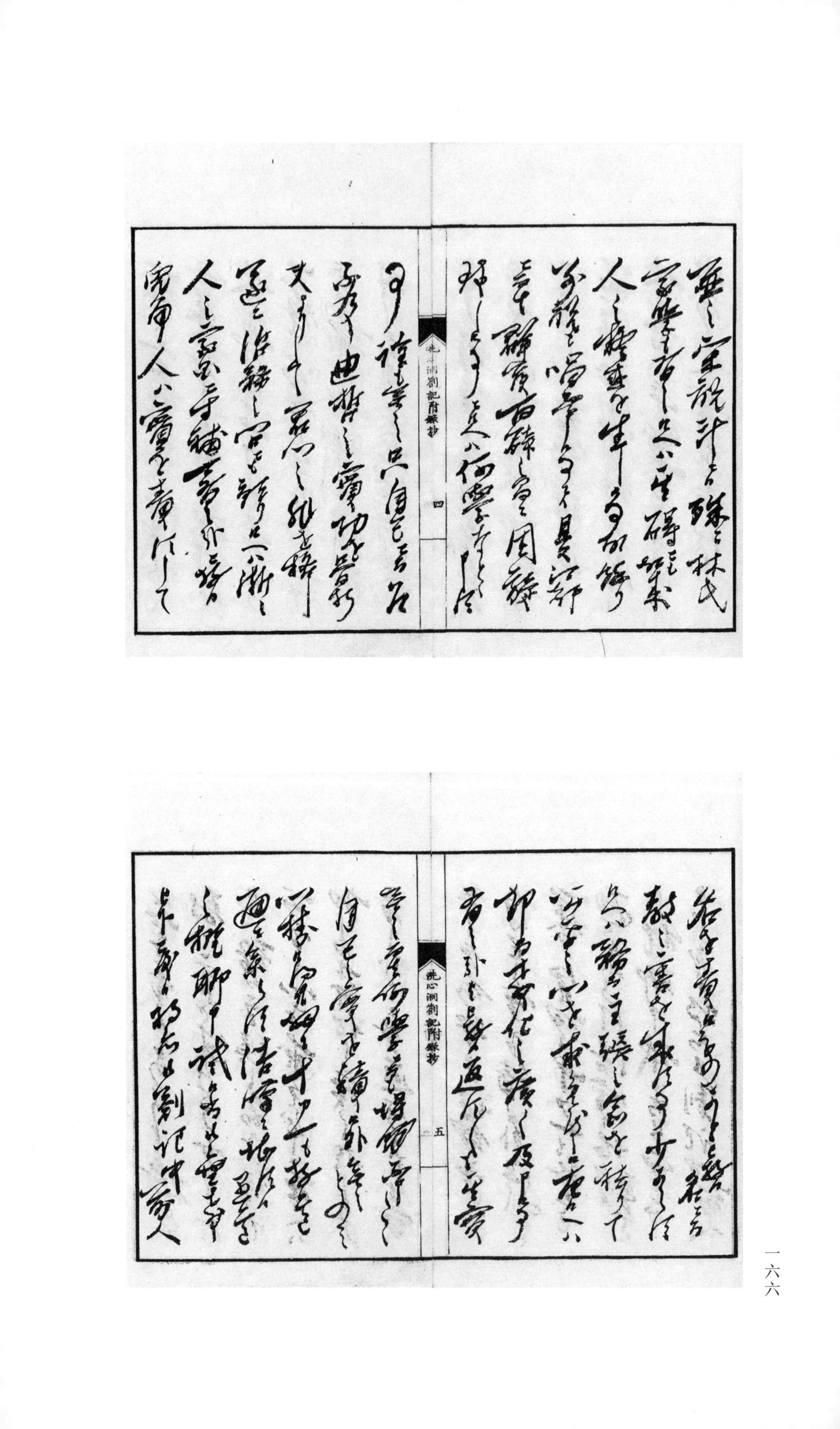

無之空説計ニ而殊ニ林氏
家学も有之是ハ[illegible]
人之[illegible]を生し[illegible]
[illegible]
[illegible]
拝し[illegible]是ハ何[illegible]
[illegible]只ハ自己之[illegible]
[illegible]之實功[illegible]
[illegible]
[illegible]
人之言[illegible]
[illegible]人ハ[illegible]して

[illegible]
[illegible]
[illegible]
[illegible]
[illegible]
[illegible]
[illegible]何學[illegible]
自己之學[illegible]
[illegible]
[illegible]
[illegible]
[illegible]劄記中[illegible]人

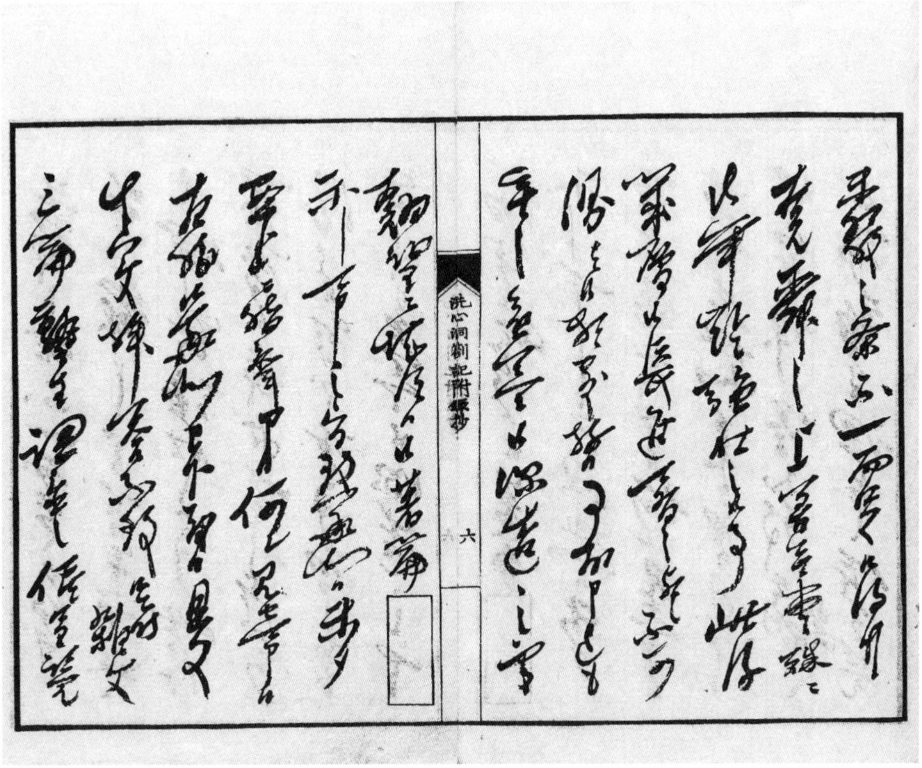
洗心洞劄記附録抄
六

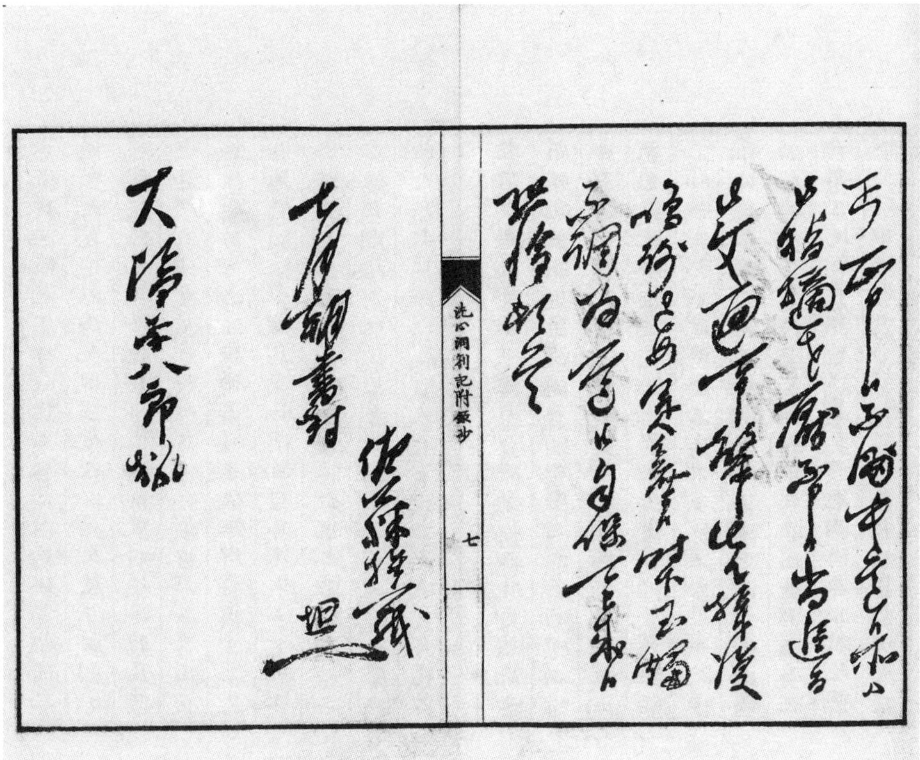
洗心洞劄記附録抄
七

大鹽中齋君　角田簡

南豐岡角田簡謹白大鹽中齋君執事、鄙社友田能村君彝帰自大阪也、僅叙無恙畢、乃先及執事、因出洗心洞劄記之編以贈、謂僕曰、此乃大鹽氏所著也、近日大阪以實學顯者、唯有中齋子而已矣、余幸一再相見、語次及足下、以得乞此書、中齋子之著之也、唯為從游生徒、不欲弘布于世也、故朋友之中、非真知已者、則不敢以示焉、足下請寓目、勿以為尋常觀、僕因應之曰、夫非其人則所不肯示者、但介尊兄之一

言、毫無遲疑、輙見恵賜、僕之不肖、何幸遇此恵乎、乃拜受而歸、毎宵潜心讀之、乃掩巻歎曰、議論確實、切中末流學者之病矣、他日謂君彝曰、此益宋明醇儒之語錄、而非今人著作之比、我　邦自元和偃武而來二百十餘年、如此之書、絶無而希有者矣、孟子曰、原泉混混、不舍晝夜、盈科而後進、放乎四海、有本者如此、夫中齋君之嘗居仕途也、志在經世、克效其績、今也知止足之道、急流勇退、世事如忘、恬澹而居、沈晦自養、唯以育英才為樂、進退随時者、亦皆以學之有本歟、其志節之高可以想焉、君彝以為知言也、僕之講學也、豈足以論也哉、然業已欲納交於左右、則不可默而已也、今妄説其略、伏請執事耐煩妄聽焉、僕少遊乎大阪、受業奠陰社、居可二年、竹山翁罹病而逝、於是匆匆治任西歸、爾後跧伏寒郷、書籍甚乏、是以寡聞固陋學無進歩、枉消日月耳、比年三十四五、始陪從寡君、東如江都、如此凡六、公事之暇、雖遊一二名儒之門、唯是馳騖於記誦詞章、雖名曰治宋學、而於夫居敬窮理之術、實未嘗有用工夫也、日月荏苒、

歳不我與、已及五十、童習白紛、雖悔無及矣、然來者尚可追、今而復發憤礲磨、則聖學之本、庶尚可以得知乎、是則僕之所以自冀望而不廢講學也、及讀執事之書、始知餘姚良知之旨、亦得復知程朱之歸趣不外于此也、其被感發不為不多、豈不大幸乎、又僕之講學也、不欲固設畛域、是以毎讀先儒之書、雖與程朱不合、其有發經旨者、必採用之、以為講學培養之地也、況於執事劄記之編乎、鄙讀毛西河大學問、大學證文、而知讀朱子改本、不若真讀舊本之善也、於是取

舊本讀之、乃悟一書關鍵全在誠意也、何也、大學之首功、在知止、格物所以知止也、修身之首、在誠意、誠意之下手處、在慎獨、慎獨誠意、則心正身則修矣、故以誠意為修身之本也、中庸曰、明善誠身、而亦以慎獨為誠身用工處、中庸又曰、尊德性而道問學、孟子亦曰、持其志、無暴其氣、我知言、我善養吾浩然之氣、又盡心知性章、及牛山之木、或鈞是人也章之類、擧皆存心養性之事、而與格致誠意、其同一軌、其如是則聖學之本、全在于此也、夫以學庸孟子所言為根

腳、則論語所載孔子一貫之教、亦或可階而升也、是以欲得孔子之教、則莫若主學庸孟子、欲得學庸孟子之教、則以居敬窮理為主亦可、以致良知為主亦可、或以變化氣質為主、或主虛主靜、亦復無不可、故知聖學之本、則其下手處、各自雖異、及其成功一也、於是乃知執事之論學、曰太虛、曰致良知、曰變化氣質、曰一死生、曰去虛偽、皆是入聖學之要領、而併先儒所立之教以為一家、宜其議論痛切、擲撲不破也、抑僕之言雖及于此、合内外之工夫、未用其力、則知

行岐而為二、未免有自欺之失也、其如是則只口耳之學、非真知實得也、夫非真知實得、則不若不言之愈焉、雖然徒拊口護短、不言己之志、則不獨孤執事一顧之惠、亦使君奚欺執事也、故以及于此、然豈敢自以為是也哉、欲取正於左右爾、伏請諒諸、十一月十二日、奉呈中齋君執事、角田氏岡藩臣俗名才次郎

大鹽君子起座前　　齋藤謙再拜

津藩齋藤謙再拜白前大阪府從事大鹽君足下、謙熟聞鴻名、欲納交左右之日久矣、今足下謬信人言、

抵書敝邑社友、盛見稱譽、因寄其所著洗心洞劄記以徵鄙言、謙未敢求通於足下、而足下反來求於謙、謙之么麼、何以得此於足下乎、足下之功名事業、當世所稀、如其殄滅[redacted]沙汰[redacted]誅除[redacted]賑恤[redacted]有一於此、則足稱能吏、況一身兼而行之者乎、此方州[redacted]或所不能、足下以[redacted]能之、綽有餘裕、從三都以逮諸州、皆刮目圜視、吐舌駭歎、或聞風而起者有之、名聲隱然動天下矣、足下執事纔數年耳、乃能赫赫如此、又明於幾先、以未強仕之年、拔足急

流中、退而潛處、聚徒講習、不以得失掛於懷、一出一入、如神龍變化、豈不毅然大丈夫乎、某平生讀史傳、每遇如足下者、反復誦讀、尚友其人於千載上萬里外、想像其心胸面目為如何人、以不可得見為歎、今其人近在畿甸、並世而處、可往而見焉、可就而聞焉、又來辱下交焉、其之喜可知也、某嘗謂士不徒生、功施於世、名傳於後、而後可而已矣、既釋褐在儒職、日事佔畢、所親筆硯、所接小子後生、平生所抱負、一不得施行矣、或虛名傳士大夫之間、亦不過言語文字

之末、徒增慙愧耳、近年來幡然易慮、以為士之成功名、非得位得時則不可、今吾一介書生、非有社稷民人之責、於是欲有為、是出位也、且所謂功名者、又有本有源、德性之謂也、子思不云乎、尊德性而道問學、吾其益養而尊之而已、益勤而道之而已、學既成、德既立、然後得位得時、舉而措之於功名事業何有、常以此自期、又以期人、如足下之功名、高矣偉矣、某既聞於下風而仰望焉、今又觀其所著之書、實能尊德性而道問學、乃知從前功名有本有源、迥別於雜覇

者所為、而學之不歸無用、又異於釋老、信不可及也、祖足下之學問、途於餘姚、此書一出世之奉古學者、奉朱學者、必與足下[redacted]是區區末學之辨耳、不足病足下也、某亦何敢容喙哉、某私謀以今秋詣大坂、相見將有日矣、不復一一、即辰猶熱、統祈為道自重、

齋藤氏津藩侍讀俗名德藏

某某丈　牧園豬

本月初六、惠音至、審興居佳勝之狀、欣喜欣喜、而見致大鹽先生洗心洞劄記二卷、附錄一卷、敬領之、岡

本花亭翁嘗屢稱大鹽君吏事、余是以知大坂有大鹽君、然而翁唯稱其吏治、未及其學業、今讀此劄記、始審先生學術、淵源于宋明諸賢、而學識德行正大宏遠、誠明公亮之[redacted]儒也、如陸王二公之學、世儒排擯以為禪門之流、我 邦藤樹蕃山之後、唱其學者甚寥寥、然先生斷然尊信其學、似為天下有用之最、且其他所論說、皆一時鍼藥、竒見卓識、超然于一世、敬服敬服、雖寒劣如余者、聞其風不得不奮然興起焉、實先生之大惠哉、余素無似、吾子妄稱道於先

生、而有此大恵、余誠感戴、不知所謝也、明年余將西還、爾時就先生拜其賜、是以今般不敢奉書於先生、請吾子為僕奉謝其大恵、丁寧千萬敢囑焉、岡本花亭翁者、東都名家、尤長於詩、昔年從朝鮮聘使之役至對馬再矣、朝鮮人甚歎稱其詩云、今辭事閑散、往往稱先生之事、先生亦或有知之乎、今將示此劄記翁之喜可知也、請吾子併報諸先生、亦所囑也、不宣、

牧園氏押川藩儒官俗名進士

洗心洞先生座前　　杉本祐憲

平祐憲頓首再拜白中齋大鹽先生梧下、前日登富嶽呑吐太虛之餘興、勞玉趾於僻地、光顧寒第、感佩何極、欽以長途無虞、闔宅履吉、至恭至喜、爾後宜專函鳴謝、其奈舊痾為崇、大有恥相鼠、君子寛仁、原宥是祈、唯是病物難格、不才實醉生、漫保天年、而夢死為隣、瞻仰斯文之念、一息未絶、景慕先生之德業、有年于此、衰躬不能謁堂階、皆誠之不可揜也、辱察愚衷、過臨且恵、指劄記二冊附録一冊、感非言盡、感非言盡、語及舊因、亦幸宿縁未朽、僕駑下而荷此隆情也、實邂逅

相遇、適我願兮、千載一遇矣哉、爾時驚喜之至、病思愧恧、不知措詞、失問、悵恨更良深、如劄記中口授之說、不知再問期何歲耶、但是繙閱不能釋手、猶日日接芝宇、讀附録而審先生之壯志履歷、讀本録而竊歎造詣之深、造識見之高大焉、於致良知之旨、燦然著明、青天白日哉、其歸乎太虛之說、何其直切愉快浩瀁瀁地、昔者王鳳洲答龍溪先生書云、陽明先生點出醍醐、然久服之、仍以為酪、自翁再一點破、使人咽喉間作甘露快、僕亦謂先生之指點、不待咽喉間、

先俾脣舌知甘露美、但是此甘露美、徒覺快活、而未能真喫之心、疾沈痼、病物固未能格、良知未得致焉、負娩萬千、雖然苟有仰慕之誠也、君子矜不能、與聽此教、何幸加之、實千載一遇矣哉、下愚一得固鄙矣、或文字上疑問、將他日録而質左右、老朽狂愚、尚少衛武三十餘年、幸勿吝大教、臨簡悚慄、懇禱無任、八月廿九日、平祐憲謹再拜 杉本氏御室宮家士俗名主税

洗心洞君　　川北重熹

辱領手書並新著一篇反覆熟讀掘姚江之淵源盡
良知之蘊奧雖未接眉宇如聞數日之教誨不堪欣
抃之至僕從藩主屢往來於京攝之間夙聞高誼已
丑之秋歸自西肥欲介横山生通刺聞先生獻大獄
不遑應接而中輟爾來不得西上欲趨下風莫遂其
願會横山生之東屢訪茅廬置酒豪談屈指於天下
之人傑而横山生盛說先生之學德功績留上國因
審先生一洗[redacted]功名俱遂退隱儒業又曰先生亦
眷顧予嘗出近製允是正卒爾書惡詩一首以呈因

醉狂之為醒後惘然何圖漫賜下存愧赧不已尋得
讀先生贈佐藤一齋書審先生世系所由未畢卷喟
然歎曰嗟僕於先生三百年前已有舊因於是益悔
曩者不相見僕本貫岩瀨出與岩瀨郡中葉流離仕
駿侯今川氏實與先生為同朝桶挾間之役擧族死
亡而今川氏亦不振岩瀨之餘孽去而仕
大府者為武部某其支流某去仕本藩此為僕之宗
室其後數世有行言以嗜書好學而聞先是僕家以
最疎族冒母氏之姓而至今也僕天禀軟弱幽憂善

病進不能繼祖先戎軒之業退不得依宗室文學之
範犬馬之年既已四十無一所成就而不自顧抗顏
于藩邸不傚世儒之為而別為一癖者抑有說僕家
素俗吏以文學飾吏治者僕之本志也雖嘗試行事
亦唯志大才踈背馳時俗者許多是以苟聞吏而文
者欲往從之猶飢人於食渴者於水而世罕見其人
此所以欽慕先生而不已也夫僕之於先生論舊因
則如彼論其所居與其所志又如此畧似先生與一
齋書之云云者而先生功名俱遂退隱儒業僕猶區

區於軌轍惟先生垂憐承諭新著一閱之後致之羽
倉縣令謹如教近作若干篇伏請批評方金一枚敬
供魚費叱留為幸時下微寒為道自重十月念二川北
氏島原藩儒臣
俗名喜右衛門

大鹽中齋先生　　大友參

謹呈大鹽中齋先生帳下先生福履清建欽喜曷勝
參曾在上國之日深熟先生之高譽先生時奉三尺
刑賞訟獄日不暇給又何閒得下交及如參是以徒
在下風引領加額而已爾後以老母之命歸乎北筑

偶有書生之西來者、必先問先生如何、而先生學德清高、加以高尚嘉遯之操、出處明斷、古今未見如先生者、參以八月念有九日將有崎陽之行、餞離筵中乍有致一封書者、忙手發之、則書肆山本生以先生大著洗心洞劄記一部轉贈、驚喜不自禁、直挾笈中到崎陽、再拜而讀之、則洙泗之正派、直遡洄而極其源者、章章正理、篇篇實則、淺識如參亦可以拔闢茅塞、嗚呼、參有何等天幸、承長者之惠貺者如此乎、亦唯平生景慕之感、天地神明引以致諸先生者歟、崎

人水野勝太郎者、亦藏劄記、相遇必言及之、且使諸友人讀之、皆能翕然興起感發、今歲[redacted]未至、至則應有小解文字者、托而傳之[redacted]、使知我[redacted]正學有所歸、如之則參生涯之愉快莫大焉、扼腕而待之偶郵使東上、敢削小牘呈左右、以奉謝惠賜、萬一之意、維時向寒、為道千萬自重、大友氏筑前州人業儒者號遠霞

大鹽先生左右　　吉村晉

安執後進吉村晉謹奉書於大坂大鹽先生執事、晉聞君子修辭立其誠、誠立矣、辭即修、意即達、感應之際、莫有乎遠近幽顯、苟然乎、夫山河千里之阻、何足道哉、晉一介書生、其於執事、固非有瓜葛傾蓋之素、又不待舊故先容之言、一旦率爾進言於左右、以常情言之、孰不疑且惑哉、而所賴特區區嚮慕之誠爾、伏惟執事留寬明之聽、毋斥狂妄、幸甚、晉自幼知學、乃銳意進修、然而所期則記誦聞見辭賦操觚之習而已、進德居業、不知其為何物、彌進彌陷焉、而顧存乎內者、則莽然荊棘耳、於是自懲自悔、始有志於君子之學、欲守先哲之遺訓、以求上達之功、而自惆資

稟庸陋、加之舊習之難遽脫、支蔓纏繞、得一而遺二、皇皇徒苦、未能收纖介之效也、獨姚江之說明快簡切、雖我輩下等人亦覺少有實落下手地、私心竊喜、因更遊江都、入司成林氏之門、問業於佐藤一齋、居數年、則益聞所未聞、然後視方今學者之業、大抵我前日所既悔者、乃謂惡得豪傑之士、聰明特達、不逐時臭者、而從之游乎、死且不朽矣、時或發之言議、則衆必笑以為狂焉、今已三十餘歲、踽踽孑立、守志草廬而已、往者仄聞道路紛紛之言、大坂有大鹽君者出

焉、才識雋偉、學有根柢、而治獄立異績、人人積頌不
容手口、後復聞既致事、專心於學、卓然以道自任、欲
一洗從前學者之陋、晋為之奮興喜躍、吁嗟天乎、當
斯時而生斯人也、所謂聰明特達豪傑之士、非斯人
而誰也、我道復古之機將在於是矣乎、真令人勃勃
增氣、亦竊為天下賀也、然躬猶多事故係累、未能直
趨下風請服教、恨嘆無已、是以姑且通賤名、呈情素、
而後將有所就正、所以犯唐突之誚而不辭也、伏冀西
方之行李、若或[redacted]以慰區區之望、感戴何限、

唯執事裁之、十一月望日　吉村氏安藝州人業儒者俗名隆助

讀洗心洞劄記　淺井中倫

吾子致仕之後、益潛心於聖學、唱王氏良知之學、受
業者衆、愚曾謂道常存而人不常存、人之所存道之
所存也、今吾子如是則是非人之所存、乃道之所存
乎、頃著書題曰洗心洞劄記、有故辱贈、愚雖不能盡
通、玩索粗有得焉、書中有天道、有人道、旌別淑慝之
意及大小之論說、盡心窮理、多本邦儒者所未發
焉、蓋欲使人去夫人欲之私而存其天理之公也、學

之洽博、網羅古今、文之新奇、切近事情、超然氣象溢
於文辭、讀者快然、可察其力學勉行之有本源矣、愚
竊料吾子之識量、所謂[redacted]相之器、而為[redacted]門四科之
列矣、宜哉、自諸侯大夫以至士庶人、聞其名而尊其
德、由是觀之、其書亦必不久而顯于天下、學者看以
得修其身、[redacted]推以有施其政、則吾子之志達、而可
謂有功于聖門矣、仄聞吾子祖先某君、為駿侯今川
氏[redacted]今川氏之亡也、遂以松平甲藏本目權左衛
門尼崎衛門八薦、至參州岡崎委贄小田原之役、有

剌殺敵將、足立勘平之功、乃賜御弓、復賜采地、其事
乃詳見于家譜矣、其後臣屬于尾國、而其子孫以至
今、其季子某元和年間分而為本府騎吏、吾子乃其
後也、吾子奉職之日、特擢用、屢治大獄、救淹滯[redacted]
不軌之輩人、憚其剛直、服其明斷、然一朝翻然致仕
而家居矣、為人之道也、以仕進為本、以退隱為末、不
審吾子年未四十、而甘退隱、以教授為樂、愚嘗思惟
之、吾子祖先本華胄、而吾子乃與隸士胥吏為伍、是
其有不滿之意而然乎、抑抱玉而沈下僚、不能展驥

足、是以決然退隱、著書攄志、以與前賢同其趣乎、然今看所贈佐藤氏之書、吾子自志學之年、志三變、而確然歸於孔孟之道、有富貴不淫、威武不能屈之意、如愚之量、乃以官情量之、吾子之處也、以道德處之、是以有此齟齬、而吾子之尚志也益顯焉、佐藤氏答書到乎否、吾子告之以無良師友為恨、乃曰五十六十而志不弛之說、愚漫案之、吾子學術既熟、才鋒彌銳、誰能在吾子之右、而可以為良師友乎、其唯有四書五經、可以為良師友耳、五十六十而志之弛也、或性

有好不好、或氣稟昏弱、或志卑苦道難行者之所為也歟、吾子之剛明、遵道而行、則何以之為憂哉、[redacted]亦有言乎否、有佐藤氏及[redacted]之答、則請示焉、而聞獻其書于勢廟神庫、復納于富嶽[redacted]於戲、是誠心告天質諸鬼神而不繆、百世以俟聖人而不疑之意也歟、大哉志、非體道者其誰能如是哉、吾年老眼昏、不能走筆、然今讀斯書、甚盛吾子之志、而深有感于心焉、吾雖愚、豈可無數字之文以記之乎、書中所論、雖知利欲紛拏之流俗難援、卓然立言、以傳後

世者、蓋吾子一人也已矣、如夫豪傑之士、雖無文王猶興之言、其吾子之類乎、獨恨不使吾子考妣視其成立、且恥吾輩徒與草木共朽以老死為分耳、今吾所以稱嘆吾子者、則所以尊道敬德也、則雖使他人聞之、其豈以親戚之故、避嫌之為書曰、功高維志吾子志高矣、以能至于斯也、冀保愛體氣、以教育英才、使來者知所先後於斯乎、不顧庸劣、敢録固陋之情、以呈案右、且謹伸贈著書之謝意、淺井氏俗名太一郎本府騎吏而致仕即後素外舅

讀洗心洞劄記　宇津木泰交

斯人果是有斯書、平日嘉謨即緒餘、聖意深淵感家犬、心悟明發惘池魚、太虛能極萬生樂、實踐終傳千古譽、想得颶風狂浪處、獨堪堅坐故安舒、宇津木氏彥藩大夫俗名下總

中齋大鹽君見過訪聞其話七月十七日登富嶽　平松正愨

宵行經盡老松林、巖際登登盡峻岑、日色纔生滄海底、月輪高掛大虛心、帶將寶劍山靈泣、藏了新書石

室深、懷古長吟小天下、寥寥何歎少知音、（平松氏津藩臣俗名健之助）

奉次洗心洞先生賦太虛高韻

杉本祐憲

太虛一氣生軀殼、軀殼私心害箇心、軀殼太虛知本一、人心豈有古兼今、

聞中齋大鹽君登富士山賦之以寄、

福井晉

勇退恬然早致勞、湯遊山水養餘豪、芙蓉八萬三千丈、爭及先生氣宇高、（福井氏禁裏侍醫丹波守息俗名近江守）

乙未歲首試筆奉呈中齋先生

宇津木靖

叨謁後塵瞻末光、仰鑽唯媿未升堂、道收三教全拍要、學統七朝初着章、勇退寧妨比疏廣、勅興真不佚文王、下愚自顧何由視、德價當傳普萬方、

不須嘖嘖辯朱王、絕學千年遇夜光、赫治何唯警天下、昌言兼覩播殊方、心虛時入■人域、行尚鎮游君子卿、一慮遑遑未全化、能教後進等升堂、（俗名佐二下總弟）

和大鹽君芳韻

阿部伯孝

三害除來早賦歸、蒼生安識是將非、扁舟湖上秋無恙、水色山光迎白衣、（阿部氏尾藩人）

入刻亡友賴山陽之序與詩於劄記附錄自記

編次亡友山陽賴氏贈余序一篇詩六首、以入刻

於劄記附錄云、而入刻於附錄者、大抵皆讀劄記人之詩文耳、山陽先是既下世、然編次其文與詩以入刻焉、抑有說乎、余故自記之、以詳述其由、夫山陽之善屬詩文、洞通史事、詩客文人之所知、而我則嘗為吏與參訟獄、且講陽明王子致良知之學者也、以世情視之、則如不與山陽相容然、然往來不斷、送迎不絕、何也、余善山陽者、不在其學、而竊取其有膽而識矣、而山陽有何所觀以善我乎、吾初不識也、庚寅之秋、余致仕後、如尾張宗家大

鹽氏、以謁祖先之墳墓焉、當其時、山陽製是序、餞
我之行、其於人之難言時事、彼獨能開口言之、而
無有忌憚之情態、則豈非其膽之發見乎、戒余以
不再就轎輿鼎、則亦可見其識之大畧矣、而余嘗
貸山陽陽明全集、讀了乃賦七言絶句一首以示
余、余所藏趙子璧蘆雁画幅、山陽染頤久之、自京
來浪華、三到余家、乞之切矣、遂抛而與之、乃又賦
七言古詩一首以謝之、其後山陽遠來曰、遺茶山
翁之遺扙於某津頭、雖搜索既無有、以兄之力獲

之、則幸甚、余搜之而獲、專价持之以送曰、老竹笋
未化為龍、猶潛在其水邊、獲之以還子、子自今宜
無放失、謝之又以七言古體一詩、其撰日本外史
時、乞借余所藏胡致堂先生讀史管見、而藏書不
輕貸外人、自以謂山陽之著撰、勸善懲悪、益益於
世矣、故遺門人持以貸之、事了還諸余、謝之又以
七言古體一詩、而外史脱稿、我求之、寄寫本一部、
問其報、曰、於他人則黄白、如兄則雖無報可、若或
強賜之、則脱兄所常佩之刀一口以投之、當為衛

身之物、因報之以月山所造九寸有餘之短刀、乃
又裁七言古詩以謝之、其餘山陽嘗訪余時、余將
上衙、獨入書齋賦五言古詩、粘諸壁上以去、以上
序一篇、詩六首、皆収之篋中、而壬辰四月、山陽又
下江訪余、觴酒之際、山陽謂余曰、兄之學問、洗心
以内求、如襄者、外求以内儲、而作詩、而屬文、如相
反然、然請一見吾古本大學剳目之稿、故出之以示
焉、讀其綱領畢曰、是非一家言、昔儒格言之府也、
襄也雖不敏請序之、余答曰、他日煩之、而後以未

刻之劄記若干條乃亦示焉、其讀而過半、日既暮
矣、不能盡之、曰、待上梓以評之、然今所一見之條
條、於聖學之奥也無間然、深服太虚之説云、而其
秋聞山陽吐血而病革、吾上洛以到其家、則其日
既易簀、大哭而帰、如夢如幻、追思往事、向山陽訪
余觴酒之際、其情之纏綿、其果永訣之兆歟、嗚呼
傷哉、嗚呼悲哉、今使山陽延命在、而盡劄記両巻、
則不益於彼必益於我者、蓋亦不少矣、惟是余一
生涯之遺憾也而已矣、山陽之子藝藩賴餘一、余

未相識、越癸巳夏四月、餘一自東都還藝、便道訪
余浪花之弊舍、謀以鐫其考碑面謚號之字之大
小、而其時劄記刻既成、因與之餘一、吾心以為猶
贈山陽也、然山陽而有靈、必含不盡兩卷之憾於
地下也歟、而今由其贈序之文以觀之、則知我者、
莫山陽若也、知我者、即知我心學者也、雖知我心
學則未盡劄記之兩卷、而猶如盡之也、頃有梓山
陽之詩者、然則必亦有刻其文者矣、雖有刻其文
者竄去是一篇、不待智者而後知也、是以余豈忍

蠹之於弊篋中、故入刻以存友誼之萬一爾、而置
諸其六詩之先、不拘年月之次第、無他斯文乃以
關係吾躬尤大故也、如詩則照歲月之先後以編
次、嗚呼此不獨為知己勿相忘而已、抑明其亦心
伏陽明子之文章與其功業也、

天保甲午秋八月　洗心洞主人識

奉送大鹽君子起適尾張序　賴襄

方今海內勢偏於三都、

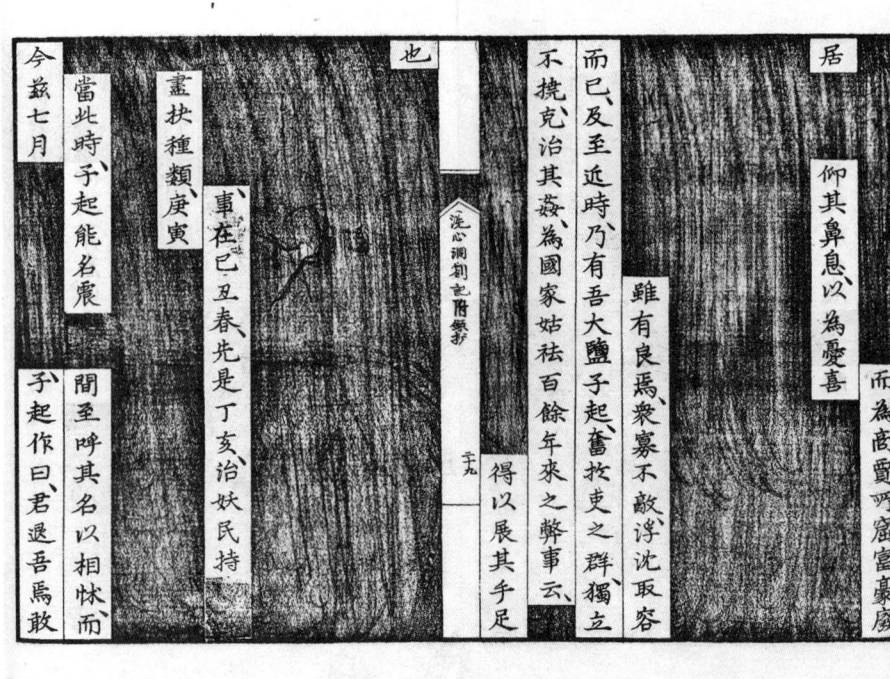

居
而為商賈所窩、富豪廢
仰其鼻息、以為憂喜
雖有良焉、衆寡不敵、浮沈取容
而已、及至近時、乃有吾大鹽子起、奮於吏之群、獨立
不撓、克治其姦、為國家姑袪百餘年來之弊事云、
得以展其手足

也
事在己丑春、先是丁亥治妖民持
畫扶種類、庚寅
當此時、子起能名震
間至呼其名以相怵、而
今茲七月
子起作曰、君退吾焉敢

獨進、遂決意請退得允、聞者莫不驚愕、野人有類襄獨曰、子起固當然、非然不足以為子起也、吾知彼其心壯而身羸、才通而志介、非喜功名富貴者、所喜在處閒讀書、吾嘗戒其過用精明、鋭進易折、子起深納之矣、而不得已而起為國家奮不顧耳、衆望翕屬時、脫去權勢、毫無顧戀哉、唯然故當其任用、呵斥請託鞭撻苞苴、凜然使望之者、如寒氷裂日、以得成其功爾故觀子起不於其敏而於其廉、不於其精勤而於其勇退、聽者以為然、子起家系出尾張、同族在焉、今將往省之、身名両全、報國報家、拜其先墳、可有以告歟、時方秋矣、欲路龍田過中瀑、還討高雄梅尾諸勝、如脫韝之鷹、卸靮之馬、餘其俊氣健力、自擊于空、騁于野、快如何耶、襄故言此、且預囑其勿再就韝就靮也、文政十三歲在庚寅秋九月、

讀王文成公集

為儒為佛姑休論、吾喜文章多古聲、北地粗豪歷城險、盡輸講學老陽明、

大鹽君子起贈吾趙子璧蘆雁圖、謝以長句、時文政甲申秋八月也

是詩特載於坊刻山陽詩鈔而微有異同想山陽寄予後改潤其字句者歟

曾醉君家公退餘、酒酣耳熱呼嗚嗚、怪底慘慄肌欲粟、壁挂霜渚宿鴈圖、四雁相偎曉月底、両隻縮頭眠未穩、一隻側翅搔癢起、一隻張目是雁奴、誰能畫此趙子璧、欵題如新墨欲滴、入君樊籠朶吾頤、畫雁難於生雁獲、何料江南再逢時、早察吾色許輟遺、繫舟君家出君雁、併月併霜巻懷之、酒醒燈底疑是夢、一幅沓沓真在茲、嗚呼寶繪人稱煙過眼、語及得喪其目瞑、劉愛快於并刀斷、此情江水深無限、稻粱謀拙吾自知、繒繳途險君不疑、隱顯雖異本同類、相聚時如畫中姿、觀君羽儀漸雲逵、

丁亥之秋、余適西備、得茶山翁遺物竹杖而歸、比航尼崎失之、煩大鹽君士起、徧索[redacted]教旬而獲、專价來致、士起清廉、不受囑託、非茶翁與余之故、何肯如此、此不可不謝也、

茶翁吟詩八十年、二入函關五鴨川、携來九節彎蹐竹、嘲盡風月飛上天、手扶雲漢遺其杖、直下七萬八千里墮我前、黑光奕奕手澤在、急拾取之誰居先、持

去掣鯨鯢海邊、兩翻浪湧忽不見、萬鵠聚散尋無緣、借君擿姦發伏如神手、驅役六丁急如弦、排碧落掀黃泉、追逐獲來喜欲顛、汝非學龍躍入淵、見汝未生鱗連延、應是竊罵吾憒憒、追前者去奔斗鄽、自非賴君力、逋逃終不旋、汝勉從我勿復然、吾將共捜翁所遺殘雲剩煙、一語落凡受汝鞭、

大鹽君子起假所藏致堂管見、使門人白井尚賢賫来、賦此為謝、一讀當擲付尚賢也、

借書一癡假一癡、恡嗇自古總如斯、誰人能如君忱諾、專使來送不愆期、況吾所借君所讀、如鞍大嚼分半肉、粘紙如蝟朱如星、豈比牙籤手不觸、起課當剡夜漏深、半帙興亡閱古今、逢朱逢紙輙拍案、一燈分照兩人心、

大鹽君子起索吾舊著外史、答以其佩刀、刀名工所造、陋撰不足以當之、慙悚之餘、賦此奉謝、

吾書三千餘萬字、博得君家兩尺鐵、薰明所佩可辟妖、服之護身長不失、君刀疑經斬姦邪、魚腸紋雜血痕黜、吾書字字頗類此、此是千古英雄血、血有新陳

用意同、素心相照兩如雪、如新發硎付吾藏、及未囊兓僨君閲、君觀吾心吾佩君心、百歲不蠹又不折、

訪大鹽君謝客而上衙、作此贈之、

上衙治盜賊、歸家督生徒、獰卒候門取裁決、左塾猶聞喧咿唔、家中不納鬻獄錢、唯有鄴鄴萬卷書、自恨不暇仔細讀、五更已起理案牘、知君學推王文成、方寸良知自照靈、八面應敵有餘勇、號君當呼小陽明、吾來侵晨及未出、交談未半戒鞭轎、留我恣抽滿架帙、坐聞蟬聲在簷撇、巧勞拙逸不足異、但恐鑿折傷利器、祈君善刀時藏之、留詩在壁君且視、

洗心洞劄記附錄抄畢